CE VOLUME CONTIENT :

I0153509

8° Rapport à Mr le Ministre de
l'Instruction publique sur la
bibliothèque de Berne, avec des
Notices de manuscrits, par
Mr Achille Jubinal, Paris 1838.

9° Lettre de Jeanne Darc communiquée à l'académie des sciences
morales et politiques, avec une
notice par Mr Berryat St Prix,
Paris 1844.

# ESSAI

# SUR LES ÉCRITS POLITIQUES

DE

## CHRISTINE DE PISAN

SUIVI

### D'UNE NOTICE LITTÉRAIRE ET DE PIÈCES INÉDITES.

BIBLIOTHÈQUE
VALLET
de Viriville

DON.
N° 12,263.

PAR RAIMOND THOMASSY.

# PARIS

## DEBÉCOURT, LIBRAIRE-ÉDITEUR,

RUE DES SAINTS-PÈRES, 69.

1838

# INTRODUCTION.

Cet opuscule est le préliminaire de quelques études sur Christine de Pisan et le chancelier Gerson,
et, en particulier, sur leur lutte littéraire contre le
fameux *Roman de la Rose* de Jean de Meung. Dans
cette lutte qui souleva, au commencement du xv<sup>e</sup>
siècle, les plus graves questions de morale, il
s'agissait, pour le premier de nos deux écrivains,
pour celui qui nous occupe en ce moment, de ne
pas souffrir que son sexe fût *amoindri;* c'était en
quelque sorte pour lui une affaire d'honneur. Tel
fut le motif qui donna naissance à ce débat trop
oublié, et justifiera peut-être la publication que
nous devons bientôt lui consacrer. Aujourd'hui
donc, avant d'apprécier Christine comme le défenseur et l'apologiste des femmes, nous essaie-

rons de la considérer sous un autre point de vue,
et de nous familiariser d'abord avec son caractère
et son génie. Il importera surtout de prouver
qu'au fond on est encore loin de la connaître.
Établir ce fait sera déblayer le terrain, et préparer la place où les amis des études historiques
pourront lui élever un monument digne de sa renommée [1].

[1] La valeur des ouvrages de Christine de Pisan et l'intérêt que les sciences historiques trouveraient à leur publication, sont justifiés par les éloges
que cette femme célèbre a reçus des écrivains du moyen âge. Mais comme
il serait trop long de rappeler ici tout ce qu'ils ont dit à sa louange, il nous
suffira d'un seul témoignage plus moderne, et surtout plus compétent;
car il appartient à l'un de nos meilleurs critiques, au fameux bibliographe
Gabriel Naudé. C'est la promesse faite par cet écrivain judicieux de publier, parmi les ouvrages de Christine, *le Livre de la Paix* et le *Trésor
de la Cité des Dames*, destinés à l'instruction d'un prince et d'une princesse qui devaient monter sur le trône de France. Cette promesse inaccomplie se trouve dans une lettre adressée, en 1636, à Thomasini, éditeur
des œuvres de Cassandre Fidèle, de cette autre femme illustre qui fut,
comme Christine, et un siècle après elle, un véritable prodige dans le
monde savant de son époque. Cassandre qui, dès sa jeunesse, avait égalé
en renommée le fameux Pic de la Mirandole, *le plus beau et le plus
savant des hommes*, sut embellir par ses grâces les études les plus sérieuses, et ennoblir tous les talens par ses vertus. Elle soutint des thèses
avec éclat, et donna dans Padoue des leçons publiques. Sollicitée par Isa-
belle-la-Catholique de venir se fixer à sa cour, elle fut retenue par la ré-
publique de Venise, jalouse de conserver en elle le plus beau fleuron de sa

Les premières pierres de ce monument sont naturellement les documens inédits; nous signalerons les plus précieux, et publierons ceux qui doivent éclairer l'aspect le plus important et le moins soupçonné de notre sujet, savoir : le rôle et

couronne. Cassandre reçut aussi les hommages de Louis XII et de Léon X; et pour être singulière en tout, elle vécut plus d'un siècle, et mourut supérieure d'un couvent. Mais sa gloire est loin de lui avoir survécu. Sa renommée a subi le sort des idiomes classiques qui renaissaient alors par anachronisme, et dont elle avait eu le tort de se servir de préférence aux idiomes nationaux. Christine, au contraire, écrivit toujours en français, en langue vulgaire et contemporaine, qui était en même temps celle de l'avenir. De là, ses ouvrages préservés jusqu'ici de la destruction matérielle, mais qu'il faut encore venger de l'oubli.

« *Christina (pisana) nobilis oppidò, rectissima, doctissimaque puella, quæ ante ducentos annos multa sermone quidem vernaculo, sed tamen, prout tempora ferebant, mirum in modum terso et eleganti conscripsit, ac inter cætera quidem* Librum de Pace *edidit ad Ludovicum Caroli VI. qui tunc in Gallià rerum potiebatur, filium natu majorem, et alium* de Laudibus mulierum,.... *Cùm interim libros illos, priores de Pace et segnioris sexûs Auctoritate, eâ sententiarum præclarissimarum copiâ et quasi exageratâ altius oratione illuminârit, ut quoties ejus libros in eminentissimi ac munificentissimi Cardinalis mei bibliothecâ conspicio nundum typis exaratos, toties doleam apud me fatum tam candidæ et eruditæ virginis* (par erreur, Christine s'était mariée). Et Gabriel Naudé ajoute : *Verùm ipsæ aliquandò meæ partes erunt hanc Andromedem a blattis et tineis vindicare.* » Excellent projet dont la science attend encore et sollicite l'entière exécution. (Naudæi Epistolæ. Genevæ. Epist. XLIX, p. 369 et 370.)

l'influence politique de Christine de Pisan. Sous
ce rapport, notre travail doit remplir une lacune,
laissée par mégarde dans toutes les histoires générales de nos discordes civiles sous le règne de
Charles VI, mais regrettable surtout dans l'histoire
des ducs de Bourgogne de M. de Barante. En effet,
cet écrivain spirituel, ce conteur par excellence
chez la nation qui conte le mieux, intéressé par son
but descriptif à saisir toutes les couleurs locales,
à dessiner toutes les physionomies saillantes et
poétiques, semblait destiné à montrer dans son
plus beau jour une femme si digne de fixer notre
attention; et pourtant il ne l'a pas nommée parmi
tant de personnages qui animent ses tableaux,
quoique sa vie littéraire, mêlée à toutes les sympathies de son époque, en fût, comme on le verra,
l'expression peut-être la plus féconde et la plus
variée.

Tel est l'oubli qu'il s'agit pour nous de réparer,
et qu'il suffit de rappeler pour faire pressentir tout
ce qui reste encore à dire sur Christine de Pisan.
Quant aux autres omissions dont elle a été victime,
il sera facile d'y pourvoir avec la notice que nous
donnerons de ses principaux ouvrages. En voyant
les œuvres qu'elle a composées sur les sujets les plus

divers, les lecteurs pourront recourir aux sources indiquées, et l'étudier sous tous les points de vue. Ses nombreux écrits accusent en effet une instruction encyclopédique, un savoir universel pour leur époque ; et l'on doit s'étonner que malgré le projet formé plusieurs fois de les publier, ils restent encore presque tous inédits. Du moins ne soyons pas surpris si Christine n'est connue jusqu'à ce jour que d'après des biographies aussi fautives qu'incomplètes.

En attendant que ses écrits soient rendus à nos annales politiques et littéraires, n'oublions pas qu'historien et poète, elle fut aussi moraliste, publiciste et philosophe. Il ne lui manqua vraiment que le rôle d'orateur, que son sexe ne lui permettait pas ; mais elle y suppléa par une improvisation d'écrits pleins d'à-propos, qui lui donnèrent souvent la cour, la noblesse, toute la classe lettrée pour auditoire. C'est ainsi qu'elle surmonta les obstacles d'une position précaire, et put s'élever au plus haut degré dans l'estime de ses contemporains. La connaissance de sa vie littéraire va nous conduire à cet égard à l'intelligence de son rôle politique.

# I

C'est Christine elle-même qui nous apprend dans ses œuvres jusqu'aux plus petits détails de sa biographie; nous en citerons les faits principaux. Après la mort de son père, Thomas de Pisan, que Charles V, en 1368, avait appelé de Venise à sa cour, comblé de ses faveurs, et nommé l'un de ses conseillers et son astrologue en titre, Christine perdit son mari, nommé Étienne Castel, et avec lui les dernières faveurs de la fortune. Oubliée de la cour de Charles VI, qui avait fait mourir son vieux père de chagrin, elle fut d'abord livrée à l'isolement. Puis, voulant régler les affaires de sa famille, elle se vit engagée dans une suite interminable de procès ruineux; et les hommes de loi, dévorant sans pitié son patrimoine, la réduisirent bientôt à un état voisin de la misère. Christine n'y montra jamais la moindre faiblesse, n'y retrancha rien de la dignité de son caractère. Le malheur, au contraire, redoubla son courage et lui révéla son talent. Elle avait des enfans à nourrir et à élever, de pauvres parens à soutenir, en tout six personnes à sa charge, et rien que sa plume pour assurer leur sort et le sien. Elle pourvut à toutes les nécessités du moment, sauva quelques débris de sa fortune; et c'est alors qu'elle se dévoua au travail littéraire, comme d'autres se donnaient à la vie monastique.

Mais avant d'apprécier ses écrits, tâchons de comprendre son caractère. Ce qui la distingue du grand nombre de femmes célèbres que le moyen âge pourrait lui comparer, c'est l'énergie de la volonté, jointe à une exquise délicatesse de sentimens. Cette heureuse alliance de facultés qui s'excluent trop souvent, ne laisse à Christine aucune ressemblance avec les matrones de l'antiquité, et en fait à nos yeux un modèle parfait de la femme chrétienne. L'orgueil du stoïcisme, écueil des grands caractères et dernier appui des âmes peu religieuses qui ne veulent pas céder à leurs propres faiblesses, ne pénétra jamais dans son cœur. La confiance en Dieu l'occupait tout entier et en effaçait tout ce que l'isolement y aurait pu mettre de raide et d'inflexible. C'est ce qui nous explique comment Christine put être attendrie par le malheur, mais jamais humiliée par lui, encore moins désespérée ; comment elle put se montrer si aimante dans sa piété filiale, dans sa tendresse de mère, dans son attachement d'épouse, dans toutes les affections de la famille, et en même temps si forte, si courageuse dans l'accomplissement de ses devoirs sociaux. C'était une belle ame douée d'une fermeté inébranlable et d'une rare sensibilité; une noble créature qui inspire une douce et profonde sympathie, et où nous verrons la passion du bien s'allier à la candeur.

Avec cette forte et simple nature, Christine, quoique « nourrie, dit-elle, en délices et mignottemens, était parvenue à sauver son désolé mainage, et à conduire la nef demourée en mer orageuse sans patron. » Mais ce qui doit bien plus nous étonner, c'est qu'elle ait pu, dans une vie pleine de tristesse et de douleurs, produire un si grand nombre de travaux littéraires; c'est de voir tout ce qui est sorti de sa plume, et ce qui reste encore de ses écrits.

Une pareille fécondité s'expliquera par une longue et forte préparation. Christine s'était déjà fait remarquer par ses poésies légères, ballades, rondeaux et *dittiés*, lorsqu'elle ambitionna une gloire plus solide. Grâce à l'éducation la mieux cultivée, où ses parens avaient fait entrer l'étude approfondie du latin, elle put s'appliquer avec une ardeur infatigable à la connaissance de tous les grands écrivains de l'antiquité et du christianisme. Elle refit en quelque sorte son instruction; mais sur une base méthodique et universelle. « Ainsi, dit-elle, que l'enfant se met en premier « à l'a. b. c. d., je me pris aux histoires ancien- « nes dès le commencement du monde, les his- « toires des Ebrieux, des Assiriens et des principes « des seigneuries, procédant de l'une à l'autre, « descendant aux Romains, aux François, aux « Bretons, et autres plusieurs historiographes; « après aux déductions des sciences, selon ce que, « en l'espace du temps que j'y étudiai, en pus « comprendre; puis me pris aux livres des poètes... « Adonc fus-je aise quand j'eus trouvé le stile à « moi naturel, me délectant en leurs subtiles ou- « vertures et belles manières cachées sous fictions « morales, et au bel stile de leurs mètres et prose, « déduite par belle et polie rhétorique. » Telles furent les sérieuses études à l'aide desquelles Christine put composer, de 1399 à 1405, *quinze ouvrages principaux, sans compter,* dit-elle, *les autres particuliers petits dictiez, lesquels tous ensemble contiennent soixante-dix cahiers de grant volume.*

Les livres furent toujours ses plus chers confidens. Infatigable jusqu'à l'enthousiasme dans sa passion pour le travail intellectuel, elle en fit un sanctuaire, une religion; et c'est là, dans sa vie *spéculative et solitaire*, que la renommée vint d'elle-même la trouver. Car *il fut parlé, même entre princes, de son ordre et manière de vivre, c'est à savoir : à l'estude*. Alors, ne pouvant plus cacher ses écrits, elle en offrit plusieurs aux membres de la famille royale, qui les acceptèrent avec autant de bonne grâce que d'empressement, « et plus comme je tiens, dit-elle, pour la chose non usagée que femme escrive, que pour dignèce y soit; et ainsi furent en peu de heure ventillez et portez mes ditz livres en plusieurs pars et pays divers [1]. » Plus tard, après les débats sur le *Roman de la Rose*, victime d'une calomnie odieuse, elle dédia à Charles VI son *Chemin de longue étude;* et ce poème, qu'elle composa au souvenir des malheurs de Boëce et de la *Consolation de la philosophie*, en retrempant tout son courage, la préserva de la corruption des mœurs. Sa vie redevint alors plus occupée, peut-être même entièrement solitaire;

---

[1] Voyez la *Vision* de Christine, ms. no 7394, fo 62.

car on ne sait comment s'expliquer le grand nombre d'écrits remarquables composés par Christine en cette circonstance. Ils imposèrent enfin silence à ses détracteurs; et elle put reprendre paisiblement la suite de ses travaux.

La mission favorite de Christine semble avoir été de prêcher le mérite du travail et de montrer que « oysiveté permaine à tous inconvéniens. » Du moins c'est une pensée qui revient fort souvent sous sa plume, et semble lui avoir inspiré un de ses premiers ouvrages dédié au jeune duc d'Orléans, l'épître d'*Othéa, déesse de prudence, à Hector de Troye*. Christine s'y compare, avec autant de grâce que de modestie, à une petite clochette qui sonne « grant voix, et bien souvent réveille les plus saiges et leur conseille le labeur d'estude. » *Fille d'étude* est encore le nom qu'elle se donne dans son *Livre des trois Vertus, pour l'instruction des princesses, dames de la cour et femmes de tous les estats*. C'est ainsi qu'elle rappelle un précepte dont elle connaît tout le prix, et se présente au moyen âge comme l'un des plus éloquens modèles de l'amour des belles-lettres et de la philosophie, du culte de la vérité et de l'imagination. Son exemple a prouvé tout ce que la moralité du travail peut ajouter de force à un beau caractère, et d'indépendance à la vertu. Aussi Christine, modeste jusqu'à la timidité dans les rapports ordinaires de la vie, retrouvait-elle toute sa liberté dans les occasions difficiles. Elle se développait alors par inspiration, toujours prête qu'elle était à grandir jusqu'à l'enthousiasme, et à s'élever au plus généreux dévouement!

Italienne de naissance, rien ne peut la détacher de la seconde patrie que lui avaient faite l'hospitalité et la protection généreuse de Charles V, ni l'abandon et l'ingratitude qu'elle y éprouva, ni les promesses séduisantes que lui firent des princes étrangers. Henri IV de Lancastre ayant lu un recueil de ses poésies apporté en Angleterre par le comte de Salisbury, favori de Richard II, essaya vainement de l'attirer à sa cour. Galéas Visconti, duc de Milan, dont la fille avait épousé le duc d'Orléans, frère de Charles VI, ne fut pas plus heureux auprès de Christine. Celle-ci préféra la France où elle était malheureuse, à l'Italie où la fortune et les honneurs lui souriaient. Un pareil attachement révèle sans doute une âme sublime, et nous explique comment Christine n'eut jamais qu'une pensée, qu'un sentiment, celui de mettre sa plume au service de tout ce qu'il y avait de grand, de noble et de généreux dans notre pays. Aussi la voyons-nous, dans toutes ses œuvres, s'efforcer de ranimer les sentimens chevaleresques et chrétiens, affaiblis et presque éteints par un siècle d'indifférence religieuse et d'égoïsme monarchique. Son intelligence y prend toujours pour guide la plus haute moralité; et c'est là ce qui constitue le caractère propre, essentiel de cette femme éminente; de même que l'oubli de toute règle morale, les caprices du luxe et une insatiable cupidité distinguaient à la même époque les princes lettrés, parens de Charles VI. Christine va donc offrir un singulier contraste avec la société qui l'entoure et la protége.

Retenue par les vertus de son sexe à l'écart du mouvement des affaires et du choc brûlant des passions politiques, Christine osa pourtant, elle si douce et si craintive, les regarder en face lorsque l'amour du bien public lui en fit un devoir. Rien alors ne put l'arrêter. Cédant aux élans soudains d'un cœur généreux, elle affronta les ambitions rivales et s'interposa au milieu d'implacables jalousies. C'est ainsi qu'elle parut en 1405, lorsque la fureur du pouvoir allait mettre aux prises les ducs de Bourgogne et d'Orléans; et plus tard, après le meurtre de ce dernier, en 1410, lorsque la vengeance, étouffant l'amour du pays dans tous les cœurs, portait déjà l'esprit de faction à recourir à l'étranger. Dans ces temps de funeste mémoire, où chacun se ménageait une position par la ruse ou par la violence, Christine, livrée à elle seule, et sans autre appui que l'estime inspirée par ses talens et ses vertus, essaya d'arrêter, retarda peut-être la guerre civile, et offrit l'exemple d'un dévouement qui n'eut, hélas! que trop peu d'imitateurs parmi ses contemporains.

La meilleure manière de le louer, c'est de citer les écrits qui en renferment l'expression. Aussi faudra-t-il remarquer la lettre de Christine à Isabelle de Bavière, reine de France; ou bien sa *Lamentation* sur les maux de la guerre civile, avant-coureurs trop certains de la guerre étrangère. Le *Livre de la Paix* mérite encore plus de fixer l'attention, car lui seul aurait pu remédier à tant de malheurs. Tous ces documens sont encore inédits, inconnus; et pourtant la prévoyance les a dictés en présence des calamités qui menacent la patrie, à la vue « des Anglais par de costé, qui parferont l'eschec et mat, si fortune y consent! »

## II

C'est le 5 octobre 1405 que la vertueuse Christine se jeta la première fois dans la mêlée des partis pour désarmer leur fureur. Pour bien comprendre ses paroles de conciliation, il faut d'abord se rappeler comment la discorde était survenue, comment la mésintelligence des ducs de Bourgogne et d'Orléans s'était changée tout à coup en hostilité déclarée.

On sait que ce dernier, comme frère du Roi, se prétendait investi de la principale autorité pour gouverner l'État durant la maladie de Charles VI; et que, maître de l'esprit de la Reine, il disposait par elle du conseil de régence, accablait le peuple d'exactions, dilapidait sans pudeur le trésor public. Tant que Philippe-le-Hardi, héritier de la sagesse et de la fermeté de Charles V, avait vécu, Isabelle de Bavière, qui le redoutait, n'avait osé se déclarer contre lui; mais, après la mort de ce prince, s'inquiétant peu de son fils, elle se livra sans retenue au duc d'Orléans. Pour résister à ces rivaux conjurés, le nouveau duc de Bourgogne

n'eut qu'à leur opposer la popularité. Il la gagna
sans peine et sur-le-champ, en protestant contre
une levée de nouveaux impôts dont il ne devait
pas profiter.

Aussitôt, de la cour et des séances du conseil,
où les jeunes princes étaient sans cesse aux prises, la lutte passa dans le domaine de l'opinion,
descendit sur la place publique et se traduisit en
deux partis contraires, acharnés l'un contre l'autre.
Ici, la noblesse criblée de dettes, insatiable de luxe
et de plaisirs, et dans sa recrudescence féodale
aussi dédaigneuse de la patrie que de la royauté,
également prête à recourir à une alliance avec
l'étranger ou à un changement de dynastie[1]; là,
des créanciers appauvris avec tous les plébéiens
furieux, les corporations des métiers dépouillées,
depuis la révolte des maillotins en 1382, de toutes
libertés municipales, enfin les moines mendians,
tribuns populaires, qui reprenaient largement
sous le froc ces mêmes libertés perdues. Une
guerre à mort, renouvelée de la *jacquerie*, semblait toujours prête à éclater entre ces deux ex-

---

[1] Voyez Ordonnances des Rois de France, t. IX, Préface, p. XVII, et les
Mémoires de l'Académie des Inscriptions, t. XV, p. 806.

trêmes. Mais au milieu était la bourgeoisie riche
et paisible, avec l'université de Paris arrivée au
comble de sa puissance et jalouse plus que jamais
de ses priviléges. Celle-ci formait, avec la portion
instruite et saine du clergé, un véritable parti
d'hommes de lettres, la plupart plébéiens d'ori-
gine, rachetés de la misère par le travail, ennoblis
par le talent, dotés de modestes bénéfices, ar-
més d'une véritable force morale sur l'opinion
publique, mais pour le malheur de ces temps,
dépourvus de tout pouvoir matériel. Aussi est-il
bien plus facile de signaler leurs élémens mobiles
et divers que de préciser leur degré de puissance.
Tel était le parti intermédiaire et conciliateur dont
les membres, naturellement éloignés de la licence
et de la tyrannie, furent trop souvent, faute de
position indépendante, entraînés d'un extrême à
l'autre par la force des événemens. Toutefois,
malgré ses fluctuations, c'est sur ce parti que s'ap-
puyaient les esprits fermes et modérés, dont le
chancelier Gerson et Christine de Pisan, celle-ci
auprès de la noblesse, l'autre dans la société ecclésiastique, furent les interprètes à la fois les plus éloquens, les plus courageux et les plus désintéressés.
  La supériorité du talent et de la vertu accom-

pagnait donc ces classes moyennes, amies sincères de la monarchie ; et peut-être ne leur manquait-il, pour triompher, qu'un chef politique capable de comprendre et d'accepter sa mission. Elles l'attendaient alors, mais vainement, du jeune Dauphin, duc de Guienne, dont la conduite inconstante devait se ressentir de l'influence contradictoire des partis qui allaient bientôt se disputer son enfance et son éducation. Là pourtant étaient les destinées futures de la France, l'espérance d'un meilleur avenir.

Aussi le duc de Bourgogne crut-il mettre toutes les bonnes chances de son côté en mariant sa fille Marguerite avec l'héritier du trône (31 août 1404). Il put fiancer en même temps son fils aîné avec Michelle, fille de Charles VI : double alliance qui prouva son habile politique, fortifia moralement son parti, mais lui enleva le pouvoir dans le conseil, en resserrant l'union déjà trop étroite et bientôt scandaleuse d'Isabelle avec le duc d'Orléans. Il n'y eut alors qu'une voix pour accuser ces derniers de tous les maux de la France.

Les taxes les plus arbitraires et les plus odieuses dévoraient la substance du peuple ; et l'imagination ajoutant sans doute à tous les griefs, on disait que la Reine envoyait en Bavière une partie du trésor public. Mais quelque faux et même absurde que fût ce bruit, de quoi n'étaient pas capables ceux qui, au milieu des plus folles dissipations de la cour, laissaient le monarque, malade, privé des soins les plus nécessaires et livré à tous les accès de sa démence, pourrir dans ses vêtemens infects, sans qu'on songeât même à le changer de linge et à l'entretenir au moins dans la santé du corps. Ces détails, qui soulèvent le cœur, sont l'image la plus fidèle de cette abominable époque. Jamais la royauté n'avait été plus avilie, jamais, si ce n'est en des circonstances bien différentes, et dans les cachots du Temple, lorsque le fils de Louis XVI était livré au plus ignoble bourreau. Étrange contradiction ! les nobles seigneurs du XIVe siècle dégradaient comme à plaisir cette même monarchie que leurs fils devaient défendre, tandis que le pauvre peuple, qui, lui aussi, devait changer de rôle, donnait alors, comme au meilleur compagnon de son infortune, le surnom de Bien-Aimé au malheureux Charles VI.

Telle était la conduite et la situation des partis lorsque ce Roi recouvra un instant la santé, vit l'indigne oubli où on l'abandonnait, et profitant de son intervalle lucide pour délibérer sur les plaintes générales portées contre son frère et contre la Reine, manda le duc de Bourgogne, qui se rendit à la cour accompagné de ses gens de guerre. Au bruit de son arrivée, Isabelle et le duc d'Orléans se retirent précipitamment à Melun, laissant l'ordre d'enlever le Dauphin et même les enfans du duc de Bourgogne. Mais celui-ci, traversant la capitale au pas de course, atteint l'escorte du jeune prince, le ramène à Paris de son consentement; et le Dauphin devient aussitôt le prétexte de la rupture.

Les partis couraient aux armes; et Christine, qui naguère avait écrit les *Gestes et bonnes mœurs de Charles-le-Sage* pour la plus grande gloire et pour l'union de sa royale famille, se vit appelée à remplir auprès d'elle, non plus le rôle d'historien, mais celui de conciliateur. Sous les premiers feux de la discorde, Christine se tourne vers celle qui pouvait à son gré les propager ou les éteindre; et ne craignant pas d'user le crédit qu'elle a pu conserver auprès d'Isabelle, elle adresse à cette princesse une lettre suppliante pour lui inspirer un retour généreux vers la paix. Elle lui en fait sentir les avantages, autant dans son intérêt personnel que dans celui du bien public, ajoutant, avec une érudition aussi sobre que pleine d'à-propos, tout ce que l'expérience de l'histoire peut donner de force aux raisons suggérées par les circonstances. Elle dévoile en même temps l'avenir, et ses nobles pensées, sorties du cœur, deviennent autant de prophéties pour les destinées prochaines de la France.

« Hélas! doncques, dit-elle à la Reine, qui seroit si dure mère qui peust souffrir, sé elle n'avoit le cuer de pierre, veoir ses enfans entre-occire et espandre le sang l'un à l'autre, et leurs povres membres destruire et disperser; et puist, qu'il venist par de costé estranges ennemis, qui du tout les persécutassent et saisissent leurs héritages.

« Et ainsi, très haute dame, povez estre certaine qu'avenist enfin de cette persécution, se la chose aloit plus avant, que Dieu ne vueille. Car n'est mie doubte que les ennemis du royaume, resjouiz de ceste aventure, viendroient par de costé à grant armée pour tout parhonnir. Ha Dieu! quel douleur à si noble royaume perdre et périr tel chevalerie! Hélas! et qu'il convenist que le povre peuple comparast le péchié dont il est innocent! et que les povres petits alaittans et enfans criassent............

Les quelles voix, comme racontent en plusieurs lieux les escriptures, percent les cieulz par pitié devant Dieu juste, et attrayent vengeance sur ceulx qui en sont cause. »

Remarquons encore la précipitation avec laquelle cette lettre, vraiment admirable, fut écrite sous l'inspiration du patriotisme le plus pur ; c'est la nature même de Christine prise sur le fait, en présence d'une catastrophe imminente, au moment où les princes et leurs alliés étaient sous les armes, prêts à déchirer la France par la guerre civile. Il n'y avait pas de temps à perdre ; et Christine, sachant que le duc d'Orléans, à la jeunesse duquel elle avait autrefois dédié le livre d'*Othéa, déesse de Prudence,* est toujours ami de la poésie, termine *la Plourable Requeste des loyaulx Françoys* par ce touchant rondeau, qui lui sert de *post-scriptum* :

« Prenez en gré, s'il vous plaist, cest escript
« De ma main fait après mienuit une heure ;
« Noble seigneur, pour qui je l'ay escript,
    « Prenez en gré !

« Quant vous plaira, mieulz vous sera rescript ;
« Mais n'avoye nul autre clerc à l'eure,
    « Prenez en gré ! »

Ces vers improvisés, comme la lettre qu'ils terminent, furent couronnés du succès le plus heureux ; car, trois jours après, des conférences ouvertes du 8 au 16 octobre, rapprochèrent les deux partis et amenèrent la paix de Vincennes, dont Christine fut, sinon le plus influent, du moins le plus intéressant négociateur.

Nous ne parlerons pas des sermens d'amitié, ni des communions sacriléges, ni des baisers faits sur la bouche, qui, alors ou plus tard, ne servirent qu'à mal déguiser l'inimitié enracinée au fond des cœurs. On sait assez comment finit la lutte personnelle des deux princes rivaux. Il fut plus facile au duc de Bourgogne de commettre un meurtre que de le justifier. Et de l'autre côté, les chefs ne manquèrent ni à l'esprit de parti, ni aux projets de vengeance. Au grand scandale des ames honnêtes, l'apologie du crime, fondée sur des doctrines régicides, fut solennellement prononcée par le fameux Jean Petit ; et le chancelier Gerson lui répondit avec le courage d'un citoyen vertueux par l'oraison funèbre de la victime. Le premier proclamait méritoire de tuer un tyran par toutes sortes de moyens, flatteries, sermens, embûches ou trahisons ; le second avait seulement cru permis de le déposer.

Cette lutte de principes, expression fidèle des intérêts et des passions qui divisaient la société, ne
fit que hâter l'explosion des nouvelles révolutions
politiques.

Cependant Valentine Visconti, veuve infortu-
née, mais bien digne par sa vertu de sacrifier
au repos du pays tous ses ressentimens, mourut
de douleur de n'avoir pu les satisfaire. Et bientôt
après, ses fils, doublement orphelins, cédant en
pleurant à des raisons d'État, se réconcilièrent à
Chartres avec le meurtrier, qui, après avoir assassiné le père, venait de faire succomber la mère
à son désespoir.

Le duc de Berry, principal auteur de cette
paix, n'avait fait que jouer son rôle de chef d'un
tiers-parti entre ceux d'Orléans et de Bourgogne.
Il ménageait avant tout la bourgeoisie parisienne,
dont l'approbation lui servait de point d'appui
pour influencer les décisions du conseil; et se
tenait en réserve pour les classes moyennes,
dans l'espoir que, lassées des factions extrêmes,
elles finiraient par se jeter dans ses bras. C'est
alors que Charles VI, dont la santé oscillait sans
cesse du mieux au pire, proposa de lui confier
l'éducation des enfans de France et en particulier

du Dauphin, qu'on venait de retirer des mains des femmes et du pouvoir d'Isabelle. Le duc de Berry refusa en s'excusant, on ne sait pourquoi, sur son grand âge; et sur-le-champ fut pris au mot par son neveu, le duc de Bourgogne, empressé d'accepter d'aussi importantes fonctions.

Plein de dépit d'avoir manqué la meilleure occasion de saisir le pouvoir qu'il convoitait, le vieillard oublie son rôle modérateur, quitte la cour sans prendre congé, et va rallumer dans le cœur des jeunes princes d'Orléans, la vengeance que n'avaient pu éteindre quelques paroles de réconciliation. Les factions parricides reprirent bientôt les armes; et, le 23 août 1410, Christine, éplorée, épanchait ses douleurs en écrivant sa *Lamentation.*

« Ha! France! France! s'écrie-t-elle, jadis glorieux royaume! ne seras-tu pas acomparée de cy en avant aus estranges nacions, là où les frères germains, cousins et parens par faulse envie et convoitise s'entre-ocient comme chiens? Ne diront-ilz en reprouchant: « Alez, alez, vous François, qui vous vantiez du doulz sang de vos princes, non tyrans; et nous escharnissiez de nos usaiges de Guelfes et Gibelins. Or sont-ils nés en vostre terre. La semence y est germée, que jà n'y fauldra... Or abaissez vos cornes; car votre gloire est défaillie. »

Et puis, s'adressant avec effusion à l'auteur de cette nouvelle guerre civile : « Viens doncques, viens noble duc de Berry, prince de haulte excellence, et suy la loi divine qui commande paix. Saisy la bride par grant force et arreste ceste non honorable armée, au moins jusques à ce que aus parties ayes parlé. Si t'en viens à Paris, en la cité ton père, où tu naquis, qui à toy crie en lermes, soupirs et pleurs, et te demande et requiert. Viens tost reconforter la cité adolée...... » Langage plein de sensibilité et de haute raison, empreint de larmes et de tristesse, et qui fait bien connaître Christine ! On sent qu'elle ne balançait pas entre son avenir et son devoir, entre sa position si modeste, si précaire, et une action sublime. Oubliant la faiblesse naturelle à son sexe et la réserve que lui imposait la prudence, elle poussa un nouveau cri de détresse, et, comme en 1405, fut admirable de dévouement dans sa noble détermination.

Cependant la paix se fit à condition que les deux compétiteurs s'éloigneraient également des affaires et du conseil de régence. L'éloignement des deux princes était le résultat de la politique d'Isabelle, qui avait négocié l'accord de Bicêtre, et qui sem‑ blait en recueillir tous les fruits. Mais le jeune duc d'Orléans, et son beau-père, le comte d'Armagnac, l'un par vengeance, l'autre par ambition, repous‑ sèrent toute voie d'accommodement, et poursui‑ virent la guerre à outrance. Ce dernier était le véritable chef du parti que son nom rendait odieux; et l'on *était alors en adventure*, disait-on, *de faire en France ce qu'on avait déjà fait en Angleterre,* où Richard II, victime d'une révolution aristocra‑ tique, avait été déposé par son cousin, Henri IV de Lancastre (1399). Aussi Charles VI, ou du moins ceux qui le faisaient parler dans une lettre du 14 novembre 1411, adressée aux habitans de Paris, s'appliquent-ils à représenter les révoltés comme *s'efforçant d'usurper la seigneurie du Roi, de détruire sa lignée et faire nouvel Roy de France*[1], sous de vains prétextes de guerre contre le duc de Bourgogne, que la paix de Chartres ne rendait

---

[1] Ordonn. des Rois de France, t. IX, p. 654, et la préface, en y remar‑ quant pour les dates que l'année commençait alors à Pâques. Voyez aussi Jean Le Fèvre de Saint-Rémy, p. 23-25 (t. II, *Histoire de Charles VI,* par Le Laboureur).

plus admissibles. Cependant le duc d'Orléans, résolu d'en venir à une action décisive avec son
ennemi, lui avait fait abandonner la position de
Montdidier, et ne pouvant l'atteindre, était revenu
vers Paris, où son armée fit souffrir aux habitans
tous les maux de l'anarchie et de la guerre civile.
Puis, il se retira sur Orléans, dans l'attente d'une
meilleure occasion.

Mais le 17 janvier 1412, tout changea de face.
Charles VI était revenu en santé au milieu des
partisans du duc de Bourgogne qui l'entouraient
depuis la retraite du duc de Berry, et qui le pré-
vinrent aisément en faveur de leur chef. D'ailleurs
il n'y avait pas à balancer en présence de la révolution aristocratique qui semblait préparée par les
princes. Fidèle à sa politique, le duc de Bourgogne
leur oppose aussitôt un nouveau mouvement de
la démocratie, et gagne l'affection des Parisiens en
faisant rétablir la prévôté des marchands et l'échevinage abolis depuis leur révolte de 1382. Ouvrant
par là une ère nouvelle aux réformes du droit ad-
ministratif [1], il fait oublier à force de popularité
l'horreur inspirée par le meurtre de son cousin, et

---

[1] Voir t. X des Ordonn., p. 70. Ordonn. du 25 mai 1413.

s'empare de tout le gouvernement de l'État. En même temps il cherche à se rattacher le jeune Dauphin, que chaque parti voulait attirer dans ses rangs, et lui fait donner par Charles VI plusieurs biens confisqués sur leurs communs ennemis [1].

C'est alors que les princes, découragés par plusieurs échecs, sous prétexte de rentrer dans leurs droits, ne reculèrent pas devant une alliance criminelle avec l'étranger. Ils envoyèrent des lettres signées de leurs mains au Roi d'Angleterre, pour lui offrir de démembrer la France : ils lui en auraient cédé la moitié. Mais le duc de Bourgogne les devança, et gagnant à la course le prix de

[1] Voyez l'original en parchemin d'une donation faite au Dauphin le 21 janvier 1411 (1412), « d'une maison avec cours, jardins, etc., appartenant à Mᵉ Erart Moriset, secrétaire du duc de Berry, qui avait quitté Paris pour aller rejoindre ce prince. »          (Bibl. royale. Dupuy, vol. 620.)

Pareille donation faite au Dauphin le 22 janvier 1411 (1412) de la terre et seigneurie de Mandisné-lez-Croissy, pour y loger et tenir les faucons et autres oyseaux de desduit, appartenant ladite terre au *Petit Bacot*, suivant le duc d'Orléans, condamné et déclaré criminel de lèze-majesté avec Jean de Berry.

(*Histoire de Charles VI*, édition de Godefroy, in-fᵒ, p. 670.)

Le 28 février, le Dauphin donna à *Catherine de Villierz*, dame de Quesnoy, une maison ayant appartenu à Mᵉ Guillaume Cousinot, advocat en parlement, à qui on l'avait confisquée pour avoir suivi Charles d'Orléans.                    (*Idem.*)

l'infamie, obtint les secours sollicités par ses compétiteurs. Complice de ce traité avec l'Angleterre,
Charles VI fut le premier à l'exécuter en marchant
sur Bourges, où l'attendait le duc de Berry avec
ses principaux adhérens.

La trahison faisait traîner le siége en longueur,
lorsqu'un rapprochement inespéré des deux partis permit de renvoyer les troupes étrangères
amenées par le duc de Clarence. Sous les auspices
de cet heureux événement, Christine commença
aussitôt son admirable *Livre de la Paix*, dédié au
Dauphin en l'honneur de la paix d'Auxerre, dont
ce prince, à son début dans le maniement des
affaires et alors dans sa quatorzième année, avait
été le premier conseiller et l'heureux négociateur.
Une pensée soudaine, inspirée au jeune prince par
la lecture d'un passage de l'évangile de saint Jean,
la veille de la Saint-Jean-Baptiste (23 juin), an-
niversaire de la fête de ses deux oncles, l'avait
porté à s'entremettre pour rapprocher les ducs
de Berry et de Bourgogne. « Oh ! pleust à Dieu,
avait-il dit en se tournant vers son confesseur, que
à cette glorieuse journée nous peussions mettre ensemble par bonne paix et joye ces deux Jehans ! »
Idée gracieuse de la part d'un enfant de saisir

l'occasion de leur fête pour réconcilier les deux princes rivaux! Touchante parole dont Christine le loue à bon droit, et qui ne méritait pas d'être oubliée par l'histoire, après avoir eu la vertu de suspendre quelque temps la guerre civile!

Mais l'ambition des princes et des seigneurs devait réveiller sans cesse la discorde assoupie; et le *Livre de la Paix*, tour à tour interrompu et repris, selon que les événemens justifiaient ou non le titre de l'ouvrage, devenait sous la plume de Christine une sorte de *Moniteur* où l'on suit, avec toutes les émotions du moment, les discussions de principes qu'agitaient les divers partis. On y comprend aussi pour la première fois comment dans ces temps de troubles la paix n'était pas plus durable que les réconciliations n'étaient sincères. En effet, la pacification de Vincennes (1405), prélude de toutes celles que les princes devaient bientôt violer; la paix de Chartres (1409), surnommée *la Paix fourrée*; celle de Bicêtre (1410), conclue faute de moyens pour continuer la guerre; celle d'Auxerre (1412), célébrée aux dépens du duc de Berry qui s'y trouva réduit au plus complet dénuement; celle de Pontoise (1413), qui forçait le duc de Bourgogne à quitter Paris et mettait

fin aux excès de sa faction; enfin, celle d'Arras
(4 septembre 1414), qui donna aux princes et à la
noblesse le temps de se reconnaître et de s'unir
pour aller ensemble se faire exterminer à la
bataille d'Azincourt, ne furent que des trèves
dérisoires où l'on ne prenait Dieu à témoin que
pour se jouer également de la foi religieuse et
politique.

Vainement les états-généraux, assemblés à Paris
en 1413, essayèrent-ils d'établir, avec la réforme
des abus, quelques garanties de stabilité et de
confiance publique. En religion, l'université était
aux prises avec les moines mendians, la plupart
partisans de la doctrine de Jean Petit, tandis qu'en
politique, la haute bourgeoisie luttait contre le
petit peuple et les *cabochiens*. L'ascendant moral
de la première et la réaction armée de la seconde
comprimèrent un instant d'affreux désordres,
mais ne purent trouver auprès du trône un chef
pour les représenter, et donner aux classes moyennes disséminées le pouvoir avec l'unité de direc-
tion qui leur manquait. Le jeune duc de Guienne,
trompant lui-même l'espoir qu'on avait conçu de
ses premières démarches, s'était livré à de jeunes
seigneurs intéressés à gouverner son esprit par

l'attrait des plaisirs. Prince inconstant, capable en un seul jour des résolutions les plus contradictoires, inhabile par son âge, et ne pouvant que mal faire par ses conseillers, c'était sur lui pourtant que reposait la meilleure part des destinées de la France. Et voilà pourquoi le *Livre de la Paix* lui fut adressé jusqu'au bout, avec tous les conseils que la sagesse pouvait donner à l'héritier d'une grande couronne, surtout avec cette constante prévision, que la concorde intérieure était la première ou plutôt la seule garantie contre les invasions de l'étranger.

Il est beau de voir Christine livrée à cette préoccupation de la guerre étrangère qui anime tous ses écrits politiques. Elle y revient sans cesse ; et l'on dirait le bon génie de la France qui sonne l'alarme à tous les donjons de la société féodale, la seule qui eut encore le sentiment de la nationalité ; car l'esprit des bourgs et des campagnes, à peine relevé de la servitude, se traînait alors terre à terre, étranger à l'intelligence des intérêts généraux, et le *menu peuple*, tout entier au redressement des griefs de la corporation ou de la commune, plein des souvenirs de la *jacquerie*, rêvait contre les nobles des vengeances qu'une fille des

3

champs devait un jour, au nom du ciel, lui apprendre à tourner contre les Anglais.

Mais Christine, ne soupçonnant pas le miracle
qui devait marquer d'un sceau divin la délivrance
de notre patrie, invoque dans son *Livre de la Paix*
tous les secours de la politique humaine. Elle
s'adresse donc à la noblesse, coupable auteur de
tant de pernicieuses discordes, et lui montre
qu'elle sera la première victime de ces divisions :
« Par espécial dans cette contrée, dont il est lu
que les nobles ont toujours été comme un même
corps........ Et puis, ajoute-t-elle, après ladite occision et déconfiture, viendra le diabolique menu
peuple pour macerrer et achever le demourant
des nobles dames, demoiselles et enfans, sans
aviser comme fols que estrangère seigneurie tost
surviendra les subjuger et mettre à mort, faute
d'y trouver restance après la mort des nobles.
Et ainsi France périe et mise en servage ! De la
quelle chose moy, Christine, toute frémissante encores de peur en le ramentevant, pry Dieu que
jamais ce ne puist avenir.

« O la très piteuse besongne ! Pour Dieu ! pour
Dieu ! très nobles et excellens princes français,
chevaliers et tous autres nobles présens et avenir,

que ce mortel péril ne parte jamais de vos mémoires par pitié de vous même, et que plus ne
soit souffert sourdre contentions, dont si détestable inconvénient puist en nul temps advenir! Ni
oublié ne soit et mis en oubli, comme néant, les
ruines, destructions, effusion de sang, cruaultés
orribles, apovrissemens, irrévérence de peuple
vers souverain seigneur; dames, damoiselles,
veuves et orphelins demourez de ce meschief,
comme la pouvre Christine, votre humble servante, par ses piteux et plourables épistres[1], vous
disoit avant le coup. Et encore, de peur que plus
n'aviengne, ne s'en puet taire, étant en péril de
pis, dont n'en a mie garde quelconque sagesse
humaine, mais seulement Providence divine, par
évident miracle dont Dieu soit loué! »

Ainsi, tout en proposant ses remèdes, elle voyait
bien que le mal empirait; que les dangers inté-
rieurs devenaient de jour en jour plus menaçans,
plus forts que la volonté de l'homme; et que la main
seule du Tout-Puissant pouvait les détourner de
la patrie. Le rôle politique de Christine était donc

---

[1] Voyez sa lettre à Isabelle de Bavière et sa *Lamentation* adressée au
duc de Berry.

terminé. Comment aurait-elle raffermi une société où tout tombait de corruption et de décrépitude? Que pouvaient le talent et la vertu dans le siècle où elle vivait? et que restait-il à une faible femme, sinon d'exhaler en poésie et en prière tous les vœux de son ame pour la religion et pour la patrie?

C'est là qu'elle trouva son dernier asile vers l'année 1414, à l'époque où le concile de Constance, ces états-généraux de l'occident, siégeait pour mettre fin au grand schisme et reconstituer l'unité du monde chrétien. Réfugiée dans le culte de la Vierge Marie, et contemplant dans la mère de Dieu l'éternel idéal de la femme chrétienne[1], Christine, malgré tous ses efforts impuissans et son dévouement méconnu, retrempant son patriotisme dans les sentimens religieux, composa

---

[1] « L'éducation de la femme au moyen âge, dit M. Michelet, peut se traduire en un mot, *l'imitation de la Vierge*. Quelques lignes de l'Evangile devinrent un texte inépuisable qu'on s'efforça tout à la fois d'orner dans les légendes et de reproduire dans la vie. »

C'est ainsi que Christine ou Chrestienne, comme elle s'appelait indifféremment, comprenait ce divin modèle dans sa lettre à la Reine Isabelle : « Encores vous dis-je que tout ainsi comme la Royne du ciel, mère de Dieu, est appellée mère de toute chrétienté, doit estre dicte et appellée toute saige et bonne Royne mère et conforteresse et advocate de ses subjiez et de son peuple. »

une touchante prière qui termine à la fois ses
œuvres politiques et nous révèle la source de
leur moralité. C'est une noble et généreuse in-
vocation à Notre-Dame [1], où la chrétienté, la
France et toutes les classes du royaume dont
elle avait également recherché le bien-être dans
ses divers écrits, depuis le Roi jusqu'au pauvre
laboureur, et du clergé jusqu'au *dévot sexe des
femmes*, reçoivent chacune en particulier, avec un
nouveau témoignage d'amour et de sympathie, les
adieux d'une vie publique, que les malheurs de la
France allaient bientôt condamner à l'isolement.

[1] La date de la prière de Christine est fixée par les vers suivants :

> Douce dame, si te requier
> Que m'ottroies ce que je quier.....,
> C'est pour toute crestienté.....
> Pour sainte église acquérir
> Paix et vray tranquillité ;
> *Et si bon pastour nous quérir,*
> *Qui tous nous face à Dieu courir*
> *En foy et en humilité.*

Allusion directe au concile de Constance, ouvert en 1414, pour mettre fin
au grand schisme d'occident. Le concile de Pise avait eu le même objet
dès l'an 1409 ; mais cette date ne peut s'accorder avec les autres circonstances indiquées par Christine, et postérieures évidemment aux séditions
de 1413. (Voyez les strophes VI, X, XI, etc.)

Le Dauphin surtout ne pouvait être oublié dans cette prière, où Christine semble pressentir tous les dangers qui menacent son droit de succession à la couronne. Elle le recommande donc *à la Dame très courtoise des Anges :*

« Paix, bonne vie et bonne fin  
« Donne à monseigneur le Dauphin,  
« Et science pour gouverner  
« Le peuple, qui de bon cuer fin  
« L'aime ; et veuilles qu'à celle fin  
« Après le père il puist régner ! »

Et, en effet, ce jeune prince n'était pas indigne de l'amour du peuple. Averti par les remontrances de l'université et du parlement, il changea de conduite, renvoya ses corrupteurs ; et touché des désordres publics, il avait résolu d'y porter remède, lorsqu'il tomba subitement malade, et mourut le 25 décembre 1415, non sans quelques marques apparentes de poison. Le poison, on en peut encore moins douter, fit périr son frère Jean (18 avril 1417), aussitôt qu'il se fut déclaré pour le parti du duc de Bourgogne. Leur oncle, le duc d'Anjou, fut soupçonné de ces deux crimes, qui assuraient la couronne à son gendre Charles, comte de Ponthieu. Celui-ci, dernier fils de Charles VI, était l'ennemi juré de la maison de Bourgogne. Les d'Armagnac, les seigneurs de la faction d'Orléans, l'avaient élevé et constamment poussé vers le trône. Ils triomphaient enfin, et c'était au milieu des calamités publiques, après la défaite d'Azincourt qui livrait la France à l'invasion des Anglais et à l'ambition de Henri V (25 octobre 1415).

Alors les temps devenant plus sombres, et chaque jour apportant quelque nouveau crime ou quelque nouveau malheur, Christine disparaît : elle s'éclipse comme toute gloire et toute vertu. Gerson, le *docteur très chrétien*, ne fuyait-il pas lui-même en exil ? Après avoir été surnommé l'*ame* du concile de Constance, n'allait-il pas, pauvre pélerin, demander à l'étranger le repos que lui refusait la terre de France, jadis *très belle fleur de chrétienté* ?

Christine n'avait donc pas à se plaindre ; celui qu'elle avait appelé l'*élu des élus*, son auxiliaire dans la lutte morale qu'elle avait courageusement engagée contre le fameux *Roman de la Rose*, le chancelier de l'université de Paris, souffrait comme elle des malheurs publics. Mais qui dirait les ca-

lamités qui pesaient alors sur la France, et l'effrayante progression de ses déchiremens et de
ses désastres! Le dauphin Charles, complice de
la faction d'Orléans, échappait furtivement aux
vengeances démocratiques; et tour à tour vainqueurs et vaincus, les Bourguignons rentraient
dans la capitale, amenant avec eux le triomphe
des doctrines régicides. Les d'Armagnac massacrés par le peuple, le meurtrier du duc d'Orléans
assassiné à son tour dans une conférence pour
la paix, et soudain la guerre se rallumant plus
furieuse contre l'héritier du trône, son patrimoine
vendu à l'Angleterre par une Reine déshonorée, le
vainqueur d'Azincourt expirant à Vincennes au
milieu de ses conquêtes; et, après la mort de l'in-
fortuné Charles VI, le duc de Bedford proclamant
Roi de France un prince étranger encore au ber-
ceau; enfin, pour mettre le comble au désespoir,
le jeune Charles VII réduit à se défendre derrière
les rives fatales de la Loire, s'abandonnant à ses
indignes favoris, et s'obstinant dans une révoltante
légèreté, plus funeste encore à sa fortune que la
démence de son père : telles étaient les chutes ra-
pides et profondes de la monarchie en décadence.
Leurs contre-coups brisaient de douleur l'ame des

gens de bien, et atteignaient en même temps le chancelier fugitif et sa pieuse émule de talent et de vertu.

Ainsi, Christine et Gerson, après avoir tout donné à l'État, l'un dans la société ecclésiastique, l'autre dans la société seigneuriale, voyaient tomber pièce à pièce l'édifice auguste qu'ils ne pouvaient plus soutenir, et la France n'avait plus qu'à toucher au fond de l'abîme. Trompés encore une fois dans l'amour du pays, dans leur dernier et plus cher dévouement, ils ne savaient plus ici-bas où se prendre. Mais la terre leur faisant défaut, ils n'en eurent que plus de force pour mettre tout leur espoir dans le ciel. Christine et Gerson s'étaient réfugiés dans la prière et la charité : ils vivaient alors retirés chacun dans un monastère.

Dieu, enfin, eut pitié de la France, et la patrie se releva miraculeusement de ses ruines. Jeanne d'Arc fut son étoile radieuse ; elle parut sur l'horizon assombri comme l'aurore de l'affranchissement, et à la vue de cet ange sauveur reparurent aussitôt les deux figures de Christine et de Gerson.

Gerson écrivit l'apologie de cette héroïque et sainte fille qui tira l'épée contre l'étranger, et « dont le cœur saignait à la vue du sang d'un français. » Et pour Christine, oh! rien n'égale sa joie; car c'est aussi le triomphe de son sexe. Au fond de sa retraite, elle s'épanouit dans le bonheur. Elle s'éveille en souriant, et chante comme l'oiseau au premier rayon du soleil. Laissons-la parler elle-même, car c'est un poëme qu'elle compose sur la restauration de la France, c'est un chant national pour la Pucelle d'Orléans :

> Je Christine qui ay plouré
> .xi. ans en l'abbaye close,
> Où j'ay toujours puis demouré
> Que Charles, c'est estrange chose!
> Le fils du Roy, si dire l'ose,
> S'enfouy de Paris de tire
> Par la traison là enclose :
> Ore à prime me prens à rire.
>
> L'an mil .cccc.x(x)ix,
> Reprint à luire li soleil;
> Il ramène le bon temps neuf
> Que l'on avoit veu de droit oil (œil).....
> Chose est bien digne de mémoire
> Que Dieu, par une Vierge tendre,
> Ait adès voulu, chose est voire (vraie),
> Sur France si grant grace estendre.
>
> Et tu Charles, Roy des François,
> .vII.e d'icellui hault nom,

Qui si grant guerre as eu, ainçois (avant)
Que bien t'en prensist (prit), se peu non;
Mais, Dieu grâce, or voiz ton renon
Hault eslevé par la pucelle,
Qui a soulzmis soulz ton penon
Tes ennemis, chose est nouvelle !.....

Et j'ay espoir que bon seras
Droiturier et amant justice,
Et tous autres passeras,
Mais (pourvu) que orgueil ton fait ne honnisse ;
A ton pueple doulz et propice,
Et craignant Dieu qui t'a esleu
Pour son servant, si com prémisse
En as, mais que faces ton deu (devoir).....

Et toy, pucelle béneurée,
I dois-tu estre obliée,
Puisque Dieu t'a tant honnorée,
Que as la corde desliée
Qui tenoit France et estoit liée ?
Te pourroit-on assez louer,
Quant ceste terre humiliée
Par guerre, as fait de paix douer ?.....

Considérée ta personne
Qui es une jeune pucelle,
A qui Dieu force et povoir donne
D'estre le champion, et celle
Qui donne à France la mamelle

De paix et doulce nourriture,
Et ruer jus (bas) la gent rebelle :
Véez bien chose oultre nature !.....

Hée ! quel honneur au féminin
Sexe ! Que Dieu l'ayme il appert !
Quant tout ce grant pueple chenin (parjure),
Par qui tout le pueple ert désert,
Par femme est sours et recouvert :
Ce que pas hommes fait n'eussent ;
Et les traittres mis à désert,
A peine devant ne le crussent !

Une fillette de .xvi. ans,
N'est-ce pas chose fors nature ?
A qui armes ne sont pesans,
Ains semble que sa norriture
Y soit, tant y ert fort et dure !
Et devant elle vont fuyant
Ses ennemis, ne nul n'y dure.
Elle fait ce, mains yeulx voïant.

Et deulx (deuil) de France descombrant,
En recouvrant chasteaulx et villes,
Jamais force ne fut si grant,
Soient ou à cens ou à miles ;
Et de noz gens preus et abiles
Elle est principal chevetaine (capitaine) :
Tel force n'ot Hector ne Achilles,
Mais tout ce fait, Dieu qui la menne.....

En chrestienté et l'église
Sera par elle mis concorde.
Les mescréans dont on devise,
Et les hérites de vie orde (hérétiques)
Destruira ; car ainsi l'acorde
Prophétie qui l'a prédit ;
Ne point n'aura miséricorde
De lieu, qui la foy Dieu laidit.

Des Sarrazins fera escart,
En conquérant la Sainte-Terre ;
Là menra Charles, que Dieu gard !
Ains (avant) qu'il muire, fera tel erre (voyage) ;
Cilz est cil (celui-là est celui) qui la doit conquerre.
Là doit-elle finer sa vie,
Et l'un et l'autre gloire acquerre ;
Là sera la chose assovye (consommée).....

Si rabaissez, Anglois, vos cornes ;
Car jamais n'aurez beau gibier.
En France ne menez vos sornes (sornettes) ;
Matez estes en l'eschiquier,
Vous ne pensiez pas l'autr'ier (l'autre jour),
Où tant vous monstriez périlleux ;
Mais n'estiez en cour ou sentier,
Où Dieu abat les orguilleux......

Et vous, rebelles rouppieux,
Qui à eulz vous estes adhers,
Or, voïez-vous qu'il vous fust mieulx

D'estre alez droit que le revers,
Pour devenir aux Anglois serfs?
Gardez que plus ne vous aviengne,
Car trop avez esté souffers;
Et de la fin bien vous souviengne!

N'appercevez-vous, gent avugle,
Que Dieu a icy la main mise?
Et qui ne le voit, est bien vugle;
Car comment seroit en tel guise
Ceste pucelle sà tramise (ici transmise),
Qui touz mors vous fait jus abattre?
Ne force avez qui vous suffise?
Voulez-vous contre Dieu combattre?

N'a-elle le Roy mené au sacre,
Que tousjours tenoit par la main?
Plus grant chose oncques devant Acre
Ne fut faite; car, pour certain,
Des contrediz y ot tout plain,
Mais, maulgré tous, à grant noblesse
Y fu receu, et tout à plain
Sacré, et là ouy la messe.

Nous reviendrons ailleurs sur ce court mais remarquable poëme, que doit publier en entier M. Achille Jubinal. C'est une des pages les plus oubliées de nos annales, et l'une aussi des plus précieuses, si l'on considère l'héroïne et la grandeur des circonstances dont il est le témoignage contemporain. Il importe toutefois d'en connaître ici la date et la conclusion. Christine l'avait improvisé sous la première impression des événemens, et vingt-quatre ans après avoir écrit sa lettre à Isàbelle de Bavière. C'est ainsi qu'après avoir vu s'ouvrir le drame douloureux, dont elle devait suivre tous les progrès sans pouvoir les arrêter, elle en célébrait l'heureux dénouement, dont toute la gloire revenait à son sexe;

> Donné ce ditié par Christine
> L'an dessus mil .cccc.
> Et .xxix., le jour où fine
> Le mois de juillet. Mais j'entens
> Que aucun se tendront mal contens
> De ce qu'il contient; car, qui chière (visage)
> A embrunché (obscurci) et les yeux pesans,
> Ne puet regarder la lumière [1].

---

[1] Catalogue de Sinner, t. III, p. 412. — Voici comment l'héroïne, le poëme et son auteur sont appréciés dans le Registre Delphinal par un contemporain et un témoin oculaire, Mathieu Thomassin, conseiller du jeune Dauphin (Charles VII), et plus tard secrétaire de Louis XI:

« Mais sur tous les signes d'amour que Dieu a envoyés au royaume de France, il n'y en a point eu de si grand ni de si merveilleux comme de ceste pucelle; et pour ce, grandes chroniques en sont faictes. Et entre les autres, *une notable femme appelée Christine, qui a fait plusieurs livres en françois* (je l'ai souvent vue à Paris), fit de l'avènement de ladite

Ainsi Christine, s'attendant à trouver encore des contradicteurs, s'inquiétait aussi peu de leurs attaques que de leur coupable aveuglement. Au milieu d'une joie inespérée, elle se reposait, comme toujours, dans le pieux sentiment du devoir, et ne demandait aucune approbation à ceux qui ne pouvaient regarder en face la vérité, ni soutenir l'éclat du nouveau soleil de la France. Telle fut sa carrière, si noblement occupée, si dignement remplie! Et certes elle ne pouvait mieux la finir qu'au moment décisif et solennel où le sacre de Charles VII venait de couronner, dans la cathédrale de Reims, la sainte et glorieuse mission de Jeanne d'Arc (17 juillet 1429).

Nous ignorons si Christine survécut long-temps

pucelle et de ses gestes un traité, dont je mettrai çi seulement le plus espécial touchant ladite pucelle; et ai laissé le demeurant, car ce seroit trop long à mettre ici. Et j'ay plutôt desiré de mettre icy le traité de ladite Christine que des autres, afin de toujours honorer le sexe féminin. »

M. Buchon a été le premier à publier les fragmens du poëme de Christine rapportés par Thomassin, (Documens divers sur Jeanne d'Arc, p. 540, édit. du Panthéon. Voyez aussi sa notice sur Thomassin, p. 35.)

M. Achille Jubinal en a copié le texte complet dans son voyage scientifique à Berne. Il doit très prochainement le publier à la suite de son rapport au ministre de l'instruction publique; et c'est grâce à son obligeante communication que nous avons pu ajouter ici quelques strophes, encore inédites, du poëme sur Jeanne d'Arc.

à la plus intéressante de ses œuvres poétiques, qui est pour nous la dernière page connue de sa vie. On remarquera du moins que l'année où elle disparaît sans retour dans son abbaye, après y avoir pleuré si long-temps les maux de la France, est précisément celle où le vertueux Gerson meurt, après avoir consommé sa tâche de docteur très chrétien et de citoyen dévoué à son pays (12 juillet). L'un et l'autre arrivaient ainsi au terme de leur course ; et toutes leurs pensées, toutes leurs espérances pouvaient encore se confondre au but de leur généreuse mission. Singulière concordance dans la vie de ces deux personnages ; lorsqu'on songe qu'ils étaient nés la même année, en 1363, et que Christine, partie de Venise avec sa famille, allait se fixer et s'instruire à la cour de Charles V, tandis que les parens du futur chancelier l'envoyaient à Paris pour étudier, comme boursier, dans le collége de Navarre, et recevoir à son tour les bienfaits de la même royauté. Ainsi la Providence rapprochait, comme pour les aider dans la vie, les deux plus belles ames qui, dans ces temps malheureux, fissent honneur à l'humanité.

## III

Nous reviendrons ailleurs sur cette double des-
tinée, qui jette comme un arc-en-ciel lumineux
entre l'époque où le Roi Jean va mourir prisonnier de l'Angleterre, et celle où la patrie s'affranchit du joug étranger par les mains d'une *vierge
tendre*, qui, disait-on, avait retrouvé la redoutable
épée de Charlemagne. Il suffit en ce moment de
savoir qu'il y a là deux nobles caractères à venger de l'oubli, ou, de ce qui est encore pire, d'une
demie reconnaissance ; deux histoires entièrement à refaire, si tant est, d'un côté, qu'on ait
même ébauché celle de Gerson [1], et, de l'autre, qu'on puisse donner le nom d'historien de
Christine à Boivin jeune, son premier biogra-
phe, qui mériterait, ce nous semble, un tout autre
nom.

En effet, cet écrivain, qu'on s'est plu à copier

[1] Nous n'insisterons pas pour prouver que les résumés biographiques
les plus incomplets, ni des matériaux réunis, un peu confusément par l'es-
timable abbé L'Écuy, ne peuvent constituer encore une histoire de Gerson.

jusqu'à ce jour avec force éloges sur le mérite de son travail, n'a guère fait que traduire en français moderne une des notices biographiques que Christine, vers l'époque qui fixe à peu près la moitié de sa carrière littéraire, avait composées sur elle-même et placées dans ses ouvrages, sans doute pour satisfaire la curiosité de ses protecteurs ou de ses amis[1]. Boivin a même tronqué plusieurs fois celle qu'il a copiée, au lieu de la compléter avec une foule d'autres détails épars dans les œuvres du même auteur. D'ailleurs cette biographie,

---

[1] La vie en question, que Christine a racontée d'elle-même, se trouve au troisième livre de sa *Vision*. (Manuscrit de la Bibliothèque royale, n° 7394, f° 52-65.)

C'est là que Boivin jeune l'a prise, mais en ayant soin, on ne sait pour quel motif, d'oublier le numéro et le titre du manuscrit lorsqu'il indique le folio, et d'oublier le folio lorsqu'il indique le véritable manuscrit, auquel le lecteur dérouté ne songe guère à recourir. (Mémoires de l'Académie des inscriptions, t. II, p. 762.) Boivin jeune, comme on voit, agissait assez légèrement avec la science, et semble d'ailleurs avoir été coutumier du fait; car dans d'autres travaux insérés dans les mêmes Mémoires, t. I, p. 310; II, p. 747, et relatifs aux manuscrits de la bibliothèque de Charles V, il pêche et par des omissions impardonnables et par des erreurs qui ne le sont pas moins. L'abbé Lebeuf a relevé les unes et les autres dans une note de son édition *des Faits et Gestes de Charles V*, à propos de la bibliothèque de ce prince. (Dissertation sur l'Histoire ecclésiastique et civile de Paris, t. III, p. 456. Voyez encore, sur Boivin, les Mémoires déjà cités, t. I, p. 319.)

ainsi résumée et appauvrie, s'arrête vers 1405, avant la première guerre des princes, c'est-à-dire qu'elle nous laisse ignorer la plus belle moitié d'une vie si digne d'être connue tout entière; et Boivin dont la plus grande peine, en donnant quelques extraits du texte original, a été d'en rendre la vérification presque impossible, s'est contenté d'y ajouter un acte de 1411, déjà imprimé dans l'édition de Juvénal des Ursins. Or, c'est en regardant comme résultats des recherches *consciencieuses* de Boivin jeune, des documens d'une aussi faible valeur où le rôle politique de Christine n'est pas même mentionné, que tous les biographes modernes, l'abbé Lebeuf lui-même qui remontait si bien aux sources historiques, nous ont parlé jusqu'ici de Christine de Pisan. Chaufepié, dans son supplément au Dictionnaire de Bayle; mademoiselle Kéralio, dans la Collection des meilleurs ouvrages français écrits par des femmes; Roquefort, dans la Biographie Michaud, etc., lui ont consacrés des articles la plupart aussi fautifs qu'incomplets, en profitant des détails insignifians successivement ajoutés au travail primitif. « Nous avons également profité du travail de Boivin, disent les auteurs de la

Collection Petitot[1]; cependant la *juste confiance* qu'il doit nous inspirer ne nous a pas empêché de remonter aux sources où il avait puisé, etc. » Nous n'en demandons pas davantage à ces derniers auteurs, et leur juste confiance envers ce *savant académicien* nous dit assez qu'ils ont fait comme leurs devanciers. Le caractère des biographies de seconde et de troisième main est d'ailleurs bien connu : les erreurs et les lacunes s'y perpétuent indéfiniment, et vont toujours s'y multipliant en proportion du soin que l'on met à compiler les compilateurs.

Il serait enfin superflu de s'étonner qu'on ait traité la mémoire de Christine avec tant d'insouciance. A-t-on agi différemment envers tout le moyen âge? et généralement l'a-t-on étudié ailleurs que dans des ouvrages médiocres et dans un plus grand nombre de mauvais? C'est donc avec du médiocre et du mauvais qu'on a prétendu jusqu'ici pouvoir donner du meilleur; mais c'était demander de l'or à un creuset qui ne renfermait que du fer et

---

[1] Cinquième volume de leur Collection. Celle de MM. Michaud et Poujoulat, quoique bien supérieure sous plusieurs rapports à la Collection Petitot, n'a pas une meilleure biographie de Christine.

du plomb, c'était chercher la pierre philosophale. Ainsi tout est allé de mal en pis avec cette détestable manie de s'en rapporter à des ouvrages antérieurs, lorsqu'on pouvait consulter les documens contemporains, et des titres originaux qui auraient permis à chacun d'être vrai, complet et neuf tout à la fois, et d'accomplir, en l'honneur de Christine, le monument réparatoire dont nous essayons de poser aujourd'hui le premier fondement.

Dieu nous garde toutefois de mettre encore la main à sa biographie : nous préférons la signaler aux plus habiles, et la recommander à l'auteur de sainte Élisabeth de Hongrie et au peintre d'Héloïse et d'Abélard; car, mieux qu'à personne, cette œuvre appartiendrait à M. de Montalembert ou à M. Michelet; qui pourraient en faire un ouvrage d'art et d'érudition, de science et de poésie intime. Notre tâche est plus modeste; et aussi bien il y aurait aujourd'hui beaucoup trop à faire, puisqu'en ces derniers temps on n'a rien fait encore pour notre sujet, sinon réimprimer l'*Histoire des gestes et bonnes mœurs de Charles-le-Sage*, comme si les titres de Christine se bornaient à ceux d'historien, et ces derniers à l'ouvrage en question. Tout notre désir, dans cette première publication de textes inédits et dans la notice que nous donnons des principaux ouvrages de Christine, doit donc se borner à un commencement de réparation pour l'injuste oubli dont elle est trop long-temps restée victime.

C'est pourquoi nous allons continuer de préparer en sa faveur le retour des études historiques, heureux si nous pouvons appeler et sur son rôle politique et sur toute sa vie une part de l'attention qu'elle nous semble mériter. Après avoir suivi la traînée lumineuse que son dévouement a jeté sur les événemens à la fois les plus sinistres et les plus obscurs du xv^e siècle, nous allons essayer d'apprécier son influence morale au milieu des révolutions politiques, dont aucune main d'homme ne pouvait alors suspendre le cours.

## IV

La vie de Christine nous rappelle d'abord tout ce que le rôle des femmes a montré de grandeur et d'inspiration dans nos révolutions politiques, à toutes les époques de notre histoire. Que de dévouement pour la patrie lorsque l'étranger menaçait, en 1792, d'envahir nos frontières; et que d'héroïsme, que d'abnégation au plus fort de la terreur! Quelle généreuse pitié pour les citoyens proscrits, malgré l'arrêt de mort qui confondait avec le coupable tous les membres des familles hospitalières! enfin, quelle audace humaine, quel orgueilleux mépris de la vie, lorsque ces nobles créatures ne portaient pas dans leur ame la sublime exaltation du sentiment religieux! Pour leur accorder l'admiration qu'elles méritent, ne suffit-il pas de nommer mesdemoiselles de Sombreuil, Cazotte et Charlotte Corday; mesdames Rolland et de Staël?

Je ne parlerai pas des victimes royales, ni de ces vierges martyres dont les hymnes pieux charmaient l'attente cruelle du supplice, et dont on ne connaissait la mort que lorsque *les chants avaient cessé*[1]. Leur dévouement appartenait plus au ciel qu'à la terre, et devrait être raconté dans un langage qui nous est inconnu. Mais grâce à leur exemple, qui ne peut se comparer qu'à ceux de la primitive église, l'histoire dira qu'au milieu des horreurs de 39, dans ces jours de païenne et sinistre mémoire, les femmes, pleines d'un noble et saint entraînement, allèrent chercher la gloire dans le martyre et firent de l'échafaud le trône de leur sexe. Au moyen âge, le christianisme leur avait donné un pouvoir de réconciliation pour toutes les guerres privées ou publiques : souvent aussi, leur mettant les armes à la main, il les envoyait, comme un gage de victoire, aux nations que l'injustice poussait à bout, et qui retrouvaient dans leur faiblesse au désespoir une Jeanne d'Arc pour les affranchir du joug étranger. De là, une gloire vraiment patriotique pour les femmes de cette époque, et l'absence de tout danger, de toutes persécutions

[1] M. Lacretelle a remarqué avec beaucoup de justesse que le beau vers de M. Raynouard, dans ses *Templiers :*

Mais il n'était plus temps... les chants avaient cessé,

n'est que la traduction d'un fait également tragique et sublime, renouvelé plusieurs fois sous la terreur.

dirigées personnellement contre elles, durant les guerres civiles du règne de Charles VI.

Ces guerres, conduites par une noblesse licencieuse, mais chevaleresque et pleine encore d'habitudes de respect pour la faiblesse et la beauté, ne leur offrit point ces périls dont elles semblent aussi avides lorsqu'ils sont inévitables, que craintives lorsque la prudence permet de les détourner. L'ignoble faction des bouchers, les *cabochiens* eux-mêmes respectèrent, dans leurs vengeances politiques, le sexe, qui pourtant alors prenait une si grande part aux affaires. Dans leurs premiers excès de 1413, arrachant, disaient-ils, *les mauvaises herbes du jardin de la Royne*, ils se contentèrent d'enlever de son hôtel une quinzaine de dames ou damoiselles, *lesquelles furent menées en la conciergerie du palais comme en prison.* Dans leur effroyable réaction de 1418, quelques femmes périrent au milieu de deux mille Armagnacs massacrés [1]; mais aucune d'elles ne fut victime prémé-

---

[1] Juvénal des Ursins, dont nous avons rapporté les paroles sous la date de 1413, et dont la famille avait souffert des réactions dirigées contre le parti d'Armagnac, raconte comme la plus grande énormité du massacre de 1418 : « Et il y eut une femme grosse qui feut tuée, et veait-on bien

ditée de la fureur des assassins. C'est que toutes les classes reconnaissaient encore l'autorité morale du sexe dont le christianisme avait divinisé la douceur.

Cependant la corruption des mœurs, dont la royale famille de Philippe-le-Bel avait montré le plus scandaleux et le plus coupable débordement, était alors au comble de ses triomphes et de son impunité. L'odieuse Isabelle faisait siéger la honte et l'infamie sur le trône de France, et trahissait à la fois ses devoirs de femme, de mère, d'épouse et de reine. Mais combien sa conduite fut rachetée par de nobles dévouemens [1], surtout par l'aimable

bouger ou remuer son enfant en son ventre, dont disoient aucuns inhumains : Regardez ce petit chien qui se remue. »

[1] Le chroniqueur anonyme de Saint-Denys parle de plusieurs dames recommandables par leurs vertus, et que nous regrettons de ne pouvoir faire mieux connaître que par l'extrait suivant relatif à l'an 1405 :

« Tandis que la discorde continuoit entre le duc d'Orléans et le duc de Bourgogne, la Reyne fit éclater sa fureur dans sa maison, maltraita quelques damoiselles qu'elle chassa avec injure, et n'épargna pas une dame de grande réputation nommée la *Dame de Minchie*, dont auparavant elle prenoit conseil en toutes ses affaires, et qui gardoit son sceau ; et en cela lui fit moins de tort qu'à elle-même, pour les mauvais discours qu'on prit sujet de faire de sa conduite. » (Traduction du Laboureur, Histoire de Charles VI, t. 1er, p. 530.)

et touchante vertu de Valentine Visconti! Celle-ci,
délaissée par le duc d'Orléans, prince frivole qui
l'avait épousée pour sa fortune, se vengeait de ses
infidélités en donnant à son fils naturel l'éducation
qui devait en faire l'intrépide Dunois; et tandis
qu'elle préparait un vaillant défenseur à la France,
elle s'attachait au malheureux Charles VI, honteusement abandonné de toute sa cour. Son doux
ascendant calmait le délire de ce monarque, qui
n'avait gardé mémoire et connaissance ni de lui-
même ni d'autrui, si ce n'est de la duchesse d'Orléans; « car il la voyoit, dit Juvénal des Ursins, et
regardoit très volontiers, et l'appeloit belle-sœur.
Et comme souvent il y a de mauvaises langues,
on disoit et publioient aucuns qu'elle l'avoit ensor-
celé par le moyen de son père, le duc de Milan,
qui estoit lombard, et qu'en son pays on usoit de
telles choses[1]. » Ainsi la calomnie ne respectait

---

[1] Nous lisons dans une pièce inédite que nous espérons bientôt publier,
ces vers adressés à Valentine Visconti, et qui durent la dédommager des
calomnies dont elle était victime.

> Belle Susanne par sa grant'saintité
> Fut accusée sans nulle vérité,
> Et condempnée, par très faulx jugement,

aucunes vertus. Et celles qui faisaient alors le plus d'honneur aux femmes nous étaient arrivées d'une terre étrangère. Deux italiennes, filles adoptives de la France, Valentine Visconti et Christine de Pisan, étaient les nobles devancières d'Agnès Sorel et de Jeanne d'Arc.

> A souffrir mort assez vilainement.
> Mais Dieux du ciel, qui fait vrays jugemens,
> Tourna la mort sur les faulx accusans.
> Par quoy, tous saiges doit pasciement porter
> Les mensongiers et leurs faulx diffamer,
> Car jà mensonges non duront longuement;
> Non sont que songes, où l'escripture ment.
> C'est vérité, vraye conclusion,
> Que tous baraz surmonte loyaulté.
> Très haulte Dame, entendez ma chançon :
> Après yver revendrons en esté.
>
> (Ms. n° 7203, f° 8.)

(Voyez l'*Apparition* de Jean de Meung, dédiée à Valentine Visconti, *pour le bien commun et par espécial des pauvres gens*.)

Cette vision, composée en 1400, par le prieur Salmon, secrétaire de Charles VI, offre un tableau fidèle de tous les maux politiques et religieux que l'auteur pouvait très bien observer dans sa position, et auxquels il avait essayé lui-même de porter remède en qualité de commissaire *ès parties de Languedoc et de Guyenne*.

## V

Le caractère de Christine la fixait nécessairement dans un parti sage, modéré, conciliateur, et son rôle politique nous a déjà été signalé par les détails que nous connaissons de sa vie. Mais il importe de connaître aussi les idées qui dirigeaient sa conduite, les principes et les théories qui réglaient ses actes : or, c'est ici surtout que cette femme éminente se montre supérieure à son siècle, et digne d'être étudiée par le nôtre. On la dirait presque née d'hier, tant elle a devancé ses contemporains par l'indépendance de ses jugemens, tant elle a su retirer de ses profondes études la véritable sagesse, la science de l'avenir. Pour se convaincre que ce fruit précieux ne lui était point échappé, voyons d'abord comment elle expose l'utilité des classes moyennes dans son ouvrage des *Gestes et bonnes mœurs de Charles V.*

Après avoir rappelé que ce sage monarque, voulant pourvoir ses successeurs d'enseignemens et de sciences propres à leur frayer la voie de toutes les vertus, avait fait traduire de latin en

français les ouvrages de l'antiquité et du christianisme les plus nécessaires à l'instruction d'un
prince, elle revient sur la traduction de la politique
d'Aristote avec une pensée d'à-propos et une intention évidente d'allusion politique ; car cet ouvrage, si étonnant par la justesse et la hauteur de
ses vues, conservait, au commencement du xv<sup>e</sup>
siècle, le caractère d'utilité et d'application qu'il
offre encore mieux de nos jours.

« Le prince, dit Christine de Pisan, en parlant
du Roi dont elle nous a légué l'histoire, quoiqu'il
pût de son autorité et seignorie ordonner de tout
à son bon plaisir, quand il falloit délibérer sur
l'estat du royaume, appeloit à son conseil les bourgeois de ses bonnes villes, et mesme des moyennes
gens et de ceulx du commun, affin qu'il leur mons-
trat la confiance qu'il avoit en eulx, quand par leur
conseil il vouloit ordonner. »

« Et ce fut sagement fait, ajoute-t-elle aussitôt en expliquant elle-même à ses contemporains
les principes qui devaient constituer plus tard la
société française, car le philosophe (Aristote)
prouve par quatre raisons, au troisième livre de
sa *Politique*, que royaumes et cités sont bons
quand il y a de moyennes gens.

« La première raison c'est que, dans un même pays, beaucoup de riches et beaucoup de pauvres ne sauroient bien vivre ensemble, parce qu'ils sont placés aux deux extrémités ; mais si par entre deux se trouvent les moyens riches, les ordres de l'état sont convenablement réglés.

« La seconde est que communément riches et pauvres ne s'entr'aiment pas ni ne s'entr'accompagnent. Il faut donc une classe moyenne pour les rapprocher.

« La troisième est que le désaccord entre les très riches et les très pauvres pourroit entraîner la ruine du royaume ou de la cité, parce que les pauvres feroient étude de ravir le bien des riches.

« La quatrième est qu'avec une classe moyenne nombreuse, il n'y a jamais autant de rivalité et d'envie entre les deux extrémités[1]. » Un pareil langage, tenu dès le xv<sup>e</sup> siècle, mérite assurément d'être remarqué, surtout si on se rappelle qu'il était directement adressé aux princes qui gou-

---

[1] Voir l'*Histoire de Charles V*, par Christine de Pisan, dans les Mémoires de MM. Michaud et Poujoulat, t. II, p. 73.

On remarquera, dans les textes originaux de cette introduction, que nous avons cru devoir traduire certaines locutions de Christine qui n'auraient pas été comprises également de tous les lecteurs.

vernaient la France durant la maladie de Charles VI. Nous y trouvons en effet le germe de notre politique intérieure, le système constitutif des classes moyennes aujourd'hui prépondérantes, formulé pour la première fois par la sage et docte Christine. Elle raisonne, il est vrai, d'après Aristote, qui était alors le maître suprême de la science et le sien en particulier ; mais c'est pour avoir meilleur marché des opinions contraires ; c'est pour faire triompher, par une autorité universellement reconnue, un principe qui avait encore à traverser quatre siècles d'épreuves et de combats [1].

Toutefois Christine n'a fait qu'émettre en passant une idée féconde à propos d'un souvenir de Charles V ; c'est une semence qu'elle jette ici par occasion en faisant de l'histoire. Mais dans son *Livre de la Paix* tout a un but politique déterminé. L'auteur ne raconte pas : il juge, il voit de haut tous les événemens. Il en exprime la pensée

---

[1] Voyez, sur l'importance de la classe moyenne dans l'Etat, la *Politique d'Aristote*, traduite par M. Barthélemy Saint-Hilaire, t. II, p. 234-240.

L'étude approfondie de cet ouvrage, qui se révèle dans les écrits politiques de Christine, nous semble un fait digne d'être ajouté à ceux que le savant traducteur a rapportés sur l'influence du livre d'Aristote.

générale, et met toujours l'application à côté de
la théorie. C'est l'œuvre d'un véritable publiciste.
Christine en accepte la difficile mission, et aborde
les questions les plus graves et les plus délicates.
Elle montre, en un mot, comment un prince doit
répondre à Dieu par sa conscience, et aux hommes
par le succès; car la morale de l'auteur, sans
jamais céder à l'habileté, sait toujours marcher de
concert avec elle. Telle est donc la ferme et sage
politique qui mérite d'être étudiée dans le *Livre
de la Paix*. C'est l'ouvrage où Christine porte au
plus haut degré l'autorité que donnent le talent et
l'amour du bien public. C'est aussi celui dont nous
croyons devoir faire l'objet d'un examen particulier; il importe en effet de bien comprendre comment ses témoignages contemporains, recueillis en
quelque sorte jour par jour, peuvent jeter encore
de nouvelles lumières sur nos révolutions politiques du xv<sup>e</sup> siècle.

Le *Livre de la Paix*, comme nous l'avons déjà
dit, dédié au dauphin Louis, duc de Guienne, fils
aîné de Charles VI, fut commencé le 1<sup>er</sup> septembre 1412 et terminé vers l'année 1414. C'était l'é-
poque où les maux du pays, s'aggravant d'une manière effrayante, n'étaient pourtant pas incurables,

et pouvaient recevoir un dernier remède. Henri V
n'était pas encore débarqué à Honfleur; et tout
en se préparant à repousser l'invasion étrangère,
la France aurait pu retrouver dans l'union de ses
princes et dans celle de la noblesse avec le peuple, toutes les conditions de force et de sécurité
qui lui manquaient. Christine n'avait donc pas à
résoudre un problème insoluble. Aussi l'aborde-
t-elle avec courage, on dirait presque avec la
confiance du succès; car c'est dans les grands
dangers qu'une femme convaincue se livre à l'espoir.

Voyons d'abord la forme générale dont l'auteur
a revêtu ses pensées. La première partie du *Livre
de la Paix* est consacrée aux *leçons de Prudence*
pour le maintien de la dernière pacification
d'Auxerre, et à ce que requiert cette vertu pour
le gouvernement d'un bon prince. La seconde
partie, après avoir démontré les avantages de la
concorde, apprend comment un prince doit se
faire aimer de ses sujets, et faire pratiquer à la
chevalerie les vertus de *justice,* de *magnanimité*
et de *force.* Enfin, la troisième enseigne à bien
gouverner le peuple et la chose publique, confor-
mément aux trois vertus de *clémence, libéralité*

et *justice;* et comme les deux premières parties
du livre, cette dernière confirme la plupart de ses
préceptes, en rappelant au Dauphin l'exemple de
son aïeul Charles-le-Sage. Tel est l'ensemble du
*Livre de la Paix.*

Ainsi, composé sous le feu des révolutions politiques du règne de Charles VI, cet ouvrage leur
apportait pour remède les principes de sagesse qui
firent l'honneur et la sécurité du règne précédent.
On sent dès lors qu'un pareil livre, dont la pensée
embrasse toute la philosophie politique de son époque, ne comporte pas ici une analyse raisonnée,
qui deviendrait elle-même un second ouvrage.
Mais nous en pouvons citer quelques passages qui
montreront comment Christine savait traiter les
questions contemporaines.

Alors, comme à toutes les époques de révolutions, se rencontraient des hommes qui deman-
daient pour le peuple l'extension des libertés et un
accroissement d'influence dans le maniement des
affaires publiques. Christine discute d'abord avec
des préceptes; mais commé en politique les bonnes
raisons sont celles de l'expérience, et les meil-
leures théories celles qui ont subi l'épreuve de
l'application, elle réfute par des faits et une haute

intelligence de l'histoire ceux qui, par des exemples mal compris, s'autorisaient à faire intervenir les *simples gens de mestiers* et les *populaires* dans les fonctions du gouvernement. Que si quelques uns, dit-elle, se prévalent de « ce que plusieurs « cités en Italie et autre part se gouvernent par « les menuz gens, et que Boulongne-la-Grace et « autres, etc., » (ce qui est sous-entendu montre combien l'esprit public était alors au courant de pareilles discussions), « je responds qu'ils disent « vrai. Mais que de nulle d'elles j'aye ouy parler, « qui bien par telz soit gouvernée ni longuement « en paix, je dis que non. Et quant à ce que au- « cuns pourroient dire que Rome, sans seigneur, « bon et bel jadis se gouvernast, je dis que non « pas le menu peuple gouvernait, mais les nobles, « ainsi que en la cité de Venise font aujourd'hui, et « toujours ont fait bien et bel et en accroissement « de seigneurie; mais c'est par les anciens lignai- « ges des bourgeois notables de la cité : lesquelz « s'appellent nobles, et ne souffriroient pour rien « un homme du peuple aller à leurs conseils. Et « telz gouvernemens peuvent bien estre de durée; « mais celui de menu peuple, croy que de nul saige « ne seroit approuvé. »

Je le demande : que pourrait-on dire de mieux à l'appui de l'opinion de Christine, et quel est celui de ses contemporains qui nous ait mieux exposé la véritable situation des esprits, les préoccupations qui les agitaient, et l'empire que les souvenirs républicains de l'ancienne Rome exerçaient sur une époque d'érudition naissante, où la démocratie comme la science cherchait partout à se faire jour ?

En effet, la démocratie était la grave question d'alors et la plus menaçante, celle qui débordait de toutes parts, et sous les noms de jurandes, maîtrises et corporations d'arts et métiers, poussait devant elle les bourgeoisies affranchies durant les XIII<sup>e</sup> et XIV<sup>e</sup> siècles. Mais remarquons bien que le théâtre de cette lutte était la localité et non pas la nation, ce qui laissait à peu près sans discussion le gouvernement général de l'État aux mains du Roi et de la noblesse. Ainsi, sous les ruines de tout château féodal, dans l'intérieur de chaque commune, à Paris surtout, lorsque le duc de Bourgogne eut rétabli l'échevinage et la prévôté des marchands, le *menu peuple* était aux prises avec la bourgeoisie. Celle-ci constituait la classe moyenne de la France, mais la véritable aristo-

cratie de la cité ; et le débat était entre elle et le
*populaire*, qui lui disputait les emplois et les honneurs de la municipalité. Ce dernier fit irruption
dans les villes sous le drapeau de la faction bour-
guignone, qui avait donné une sorte d'unité et
d'esprit général à ses prétentions locales et par-
tielles ; et la bourgeoisie parisienne en particulier
apprit jusqu'où ces prétentions pouvaient aller
dans les troubles de 1413.

On connaît assez bien le fait matériel et général
de ces mouvemens démocratiques ; mais leur phy-
sionomie particulière et les pensées qui la met-
taient en jeu, sont restées, ce nous semble, jusqu'à
ce jour profondément inconnues ou obscurcies.
Or voilà ce qui nous est révélé par le *Livre de la
Paix* : nous y apprenons enfin quelles formes revê-
tait la démocratie du xve siècle, et quelles analogies,
quelles différences elle pouvait offrir avec celle de
notre grande révolution ; alors, pour la première
fois, la comparaison de ces deux époques rend
l'étude de chacune d'elles doublement instructive
et intéressante.

C'est ainsi qu'on aime à voir mettre en scène
par Christine l'ignorance et la brutalité gouverne-
mentale de ces hommes de métiers « qui, sans être

jamais sortis de leurs ateliers, sans avoir fréquenté
gens légistes ou coutumiers en chose de droit et de
justice, ni avoir appris à parler ordonnément par
raisons belles et évidens, ni les autres savoirs qui
affièrent à gens propres à establir èz gouvernemens, veulent se mêler de gouverner autrui. Or,
que penses-tu qu'il advienne d'un malostru qui
tout à coup se croit devenu maître ? Il n'est subjection si perverse. Mais qu'il se hérisse bien le
visage, tenant un pic en sa main, jurant laidement et menaçant chacun, trop bien croit faire la
besogne.

« Mais qu'est-ce à voir dans les conseils de leurs
assemblées où le plus fol parle le premier, ayant
son tablier devant soi. Ce seroit tout pour rire,
s'il n'y avoit péril à les entendre ; et sur ce, se
fondent-ils en leurs contenances et parler ; et
croient que par telle manière doit-on prononcer
et asseoir son langage, un pied en avant, l'autre
arrière, tenant les mains au costé. Et comme de
fol juge briève est la sentence, y sont les conclusions faites sans avis ; dont très mauvais effet
s'ensuit.

« Mais quelle horreur est-ce à voir au partir de
cette diabolique assemblée de innombrable menue

gént fumant l'un l'autre comme brebis, prets et appareillés de tous maux faire? Il suffit que l'un commence, et il n'y a pas fureur ni cruaulté de sanglier qui se puisse accomparer, sans savoir ce qu'ils demandent; et quand ils s'acharnent sur aucunes gens, là n'y a plus resnes tenues, ni honneur gardé à prince ni à princesse, à seigneur ni à maistre, à voisin ni voisine. Noblesse y est en grant vilté, bien y est menaciée, tout sera mis à mort, plus n'en souffriront. Adonc sont si aises quant ils tuent et massacrent gens, rompent coffres, robent tout, esfoncent vin à ces riches gens! »

Aussi, *des exploits de ces folles esmeutes*, Christine conclut-elle qu'il « n'appartient pas que menuz « populaires aient autorité de quelconque office ni « prérogative de gouvernement ès cités ou villes : « lesquelles choses sont pertinens aux bourgeois « notables et d'anciennes lignées, de degré en « degré, selon la faculté tant des dits offices que « des personnes. » C'est ainsi qu'elle comprend le gouvernement et l'influence des classes moyennes, dont les avantages, reconnus par Aristote, ressortent encore mieux pour elle de l'expérience et de l'autorité des antécédens historiques.

Mais remarquons bien qu'en montrant tous les excès de la démocratie, Christine, loin de vouloir irriter des blessures récentes et mal fermées, ne songe au contraire qu'à les guérir. Aussi propose-t-elle pour dernier remède la clémence et la modération *du sage roy Charles;* et c'est alors qu'elle se fait l'appréciateur de ce prince, comme elle en a été l'historien. En effet, les souvenirs de la politique de ce monarque, de sa prudence, de son habileté reviennent sans cesse sous la plume de Christine, et font du *Livre de la Paix* un complément aussi indispensable à l'histoire de Charles V, que la théorie des grands principes de gouvernement doit être inséparable de leur application.

C'est ici notre dernier mot pour démontrer la valeur d'un ouvrage aussi digne d'être étudié qu'il est encore inconnu, et sur lequel on peut en croire le témoignage de Gabriel Naudé[1]. L'opinion de ce juge compétent, de cet excellent critique, nous affranchit du soupçon d'un enthousiasme exagéré pour le *Livre de la Paix.* Ajoutons que nous en avons parlé d'après le manuscrit, probablement

[1] Voir la note des pages II et III.

unique, que le fameux bibliographe avait eu entre
ses mains. Pour se convaincre encore mieux de
sa valeur, on peut lire la notice historique de cet
ouvrage et son analyse qui se trouvent dans l'extrait même que nous en donnons. Le lecteur y
puisera lui-même les motifs de son jugement; il y
verra surtout une dernière preuve que le patriotisme de Christine ne se ralentit dans aucune
circonstance critique, et que sa plume ne servit
jamais que la cause de la concorde et de l'union
des citoyens.

Cette rapide appréciation suffira donc, ce nous
semble, pour faire connaître le parti auquel appartenait Christine, et les principes politiques qui
avaient inspiré son dévouement. Elle fixera aussi
les idées sur la nécessité de publier en entier, et le
plus tôt possible, une œuvre aussi importante que
le *Livre de la Paix*. Mais une pareille publication
ne peut se faire qu'avec le concours des amis
de la science où celui du gouvernement. Notre
devoir, à nous, était d'appeler toute leur attention
sur un ouvrage que la promesse inaccomplie de
Gabriel Naudé a laissé profondément ignoré jusqu'à ce jour.

## VI

Un autre ouvrage qui fait pendant au *Livre de la Paix*, également oublié et non moins digne de l'intérêt des amis de la science, est le *Trésor de la Cité des Dames*, ou *Livre des trois Vertus pour l'enseignement des Princesses*. Il fut traduit en portugais, et imprimé à Lisbonne, en 1518, sous le titre de *Miroir de Christine* [1]. C'est en effet l'ouvrage qui réflète le mieux son génie; et celui dont il nous reste à parler pour justifier les éloges dont son auteur a été l'objet de la part de ses contemporains, des étrangers et de plusieurs écrivains français, jusques à Gabriel Naudé, le dernier qui l'ait bien connue.

Et d'abord n'oublions pas que le *Livre des trois Vertus* fut un des premiers écrits du moyen âge qui reçurent les honneurs de l'impression à la fin du XVe siècle et au commencement du XVIe [2], à cette

---

[1] Espelho de Christina, o qual falla dos tres estados das mulheres. Lisb., Herm. de Campos, 1518, f° goth. (Allgemeines bibliographisches Lexikon, von Friedrich-Adolf Ebert, t. Ier, col. 320. Leipzic, 1821.)

[2] *Le Trésor de la Cité des Dames* par dame Christine, chez Ant. Vérard, 1497; et chez Philippe Le Noir, 1503. (Voyez l'Appendice.)

époque de renaissance classique où l'esprit éminemment français de Clément Marot disait de l'auteur dont il avait souvent imité les poésies légères :

« D'avoir le prix en science et doctrine,
« Bien mérita de Pisan la Christine
« Durant ses jours.

Ce témoignage semble s'adresser spécialement au livre en question, réimprimé en 1536 [1]. Mais quoi qu'il en soit, les éditions de cette époque sont souvent aussi rares que des manuscrits, et ne constituent pas ce que nous appellerions de nos jours la publicité de ce livre. Aussi demandons-nous qu'il soit réellement publié, c'est-à-dire rendu aux besoins d'une science qui aime le grand air, et ne doit plus s'enfermer dans des cabinets de curiosités pour l'unique plaisir de quelques bibliophiles.

Les progrès des études historiques nous semblent donc réclamer au même titre la publication du *Livre des trois Vertus* et celle du *Livre de la Paix*. Si ce dernier s'adresse au Dauphin et aux hommes d'Etats, l'autre s'adresse à la Dauphine et aux

[1] Du Verdier, Bibliothèque françoise, p. 165.

dames de la cour. La marche de ces deux ouvrages
est à la fois parallèle et inséparable. En la suivant,
ils s'éclairent l'un l'autre et se complètent mu-
tuellement. On devrait presque dire qu'ils se ma-
rient, et par leur dédicace et par leur concours vers
un même but d'améliorations politiques et sociales.
Seulement le *Livre des trois Vertus*, écrit vers 1406,
dans un temps de calme et à l'époque où les dis-
sensions étaient au moins assoupies, n'est point,
comme le *Livre de la Paix*, un ouvrage d'à-propos
politique, inspiré par la nécessité du moment, et
se ressentant de toutes les circonstances qui font
et défont le succès de la cause que son auteur voudrait faire triompher. De là les autres différences
qui caractérisent ces deux livres, et qui font du
premier un ouvrage consacré avant tout à la morale publique et privée, au gouvernement de l'État
et de la famille par les femmes, c'est-à-dire par les
mœurs.

Mais ces différences importent peu devant le rare
mérite qui semble les confondre en même temps
qu'il les distingue des autres ouvrages du même
auteur. L'esprit qui a dicté l'un et l'autre doit
donc les faire considérer comme les deux moitiés
d'un seul et même enseignement. Et de même

que Fénelon, au xvII<sup>e</sup> siècle, écrivant son Té-
lémaque pour le duc de Bourgogne, n'avait pas,
cru empiéter sur le rôle d'autrui en composant
son beau traité sur l'*Éducation des Filles,* Christine
pouvait bien, au xv<sup>e</sup> siècle, prendre le même droit
sur l'éducation des princes, et en particulier du
jeune héritier de la couronne. Elle l'exerça donc
à l'égard du Dauphin avec autant de courage que
de dignité, et avec la même supériorité de talent et
le même amour pour le bien public, que dans son
*Livre des trois Vertus.* Du reste, on se tromperait
étrangement, si l'on regardait le *Livre de la Paix*
comme un fait exceptionnel dans la vie littéraire
de son auteur. Grâce à l'universalité de ses études,
Christine avait pu embrasser dans toute son étendue
le rôle de publiciste. Elle avait donc écrit le *Corps
de Policie,* adressé *aux princes, aux nobles, aux
chevaliers, et à l'universalité du peuple.* Enfin,
dans son *Livre des Faits d'armes et de Chevalerie,*
elle avait composé à la fois un manuel d'éducation,
un ouvrage de stratégie et un code du droit des
gens pour la société guerrière du moyen âge.
Aussi Henri VII fit-il traduire en anglais ce dernier
ouvrage, comme on avait déjà fait pour plusieurs
écrits de Christine, traduits dans cette langue sous

les règnes précédens [1] : preuve non équivoque du mérite universellement reconnu de notre auteur, témoignage d'estime assez rare et assez flatteur pour être signalé ; car je ne sache pas qu'à cette époque il ait été accordé avec la même distinction à un autre écrivain français.

De son côté, le *Livre des trois Vertus* rappelle celui de la *Cité des Dames*, dont il a été surnommé le *Trésor*. Il en est en effet le résumé et le complément ; et Gabriel Naudé semble l'avoir confondu avec lui. Mais quoique ce dernier contienne, entre autres parties remarquables, un chapitre « *contre ceulx qui dient qu'il n'est pas bon que femmes aprennent lettres* », le *Livre des trois Vertus* nous semble bien supérieur par les pensées qui l'animent, et qui lui assurent une valeur indépendante des goûts variables de chaque époque. Composé pour l'instruction des princesses, des dames de la cour et des femmes de tous les états, ou, comme dit Christine, *pour l'accroissement du bien et hon-*

[1] Ainsi, les *Proverbes moraux*, traduits en 1477, par le beau-frère d'Edouard IV, le comte Rivers, qui appelle Christine *miroir et maîtresse d'intelligence* :

That thereof (intelligence) she was mirror and maistresse.

(Biblioth. Spenceriana de Th. Frognall Dibdin, t. IV, p. 216.)

*neur de toute femme grande, moyenne et petite*; il est admirable par le caractère d'universalité qui le distingue. Sa morale pénètre partout et se plaît à éclairer toutes les conditions sociales ; sa science embrasse et discute tous les intérêts, et les concilie également avec les droits et les devoirs. Le lecteur pourra s'en convaincre en lisant les extraits que nous donnons de ce beau livre, et la table de ses chapitres qui en contient et la meilleure analyse et la moins arbitraire. Aussi lorsque cette œuvre est accomplie, bien digne assurément d'être dédiée à une jeune princesse qui devait monter sur le trône de France, Christine, dont la modestie désespéré souvent ses lecteurs, se surprend enfin à laisser éclater sa joie et à se rendre une fois justice à elle-même.

« Je me pensay, dit-elle, que ceste noble euvre multiplieroit par le monde en plusieurs coppies, et seroit présentée en plusieurs lieux à Roynes, princesses et haultes dames, afin qu'elle fût plus honorée et exaulcée, ainsi qu'elle en est digne, et par elles semée entre les aultres femmes. La quelle pensée et désir mis à effet, si que déjà est entrepris, sera ventillée, espandue et publiée en tous pays, tant en langue françoyse qui est la plus

commune par l'universel monde, qu'en aultres
langues qui l'empêcheront de rester inutile et de
déchoir. Si la verront et orront maintes vaillans
dames et femmes d'autorité, au temps présent et
en cil avenir, qui prieront Dieu pour leur servante
Chrestienne, désirant que de leur temps fust sa vie
ou que veoir la pussent. »

Et certes elle avait le droit de tenir ce langage,
la femme au caractère viril, comme l'avait appelée
le chancelier Gerson [1], celle qui avait osé se prendre au fameux *Roman de la Rose*, et à la réputation
alors colossale de Jean de Meung, son auteur,
pour ne pas souffrir que son sexe fût amoindri, et
pour le réhabiliter hautement en face des *clercs
et maistres subtils*, qui ne purent triompher un
instant qu'à l'aide d'une odieuse calomnie. L'histoire de cette lutte morale et littéraire, peut-être
la plus brillante parmi les nombreux débats en-
gagés au moyen âge en l'honneur de la femme
chrétienne, et dans laquelle le chancelier Gerson

[1] *Insignis fœmina, virilis fœmina, virago*, c'est ainsi que Gerson parle
de Christine dans une lettre adressée à un chanoine de Notre-Dame, par-
tisan déclaré du *Roman de la Rose*, qui, au sujet des attaques dirigées
de concert contre ce livre par Christine et le chancelier, avait osé soulever
d'indignes soupçons.

se fit un devoir d'intervenir, nous semble avoir été jusqu'ici peu comprise, même par nos meilleurs critiques. Elle est entièrement à refaire. C'est un procès à juger de nouveau; et pour quiconque voudra y prendre droit de suffrage, l'examen des pièces justificatives, la connaissance des documens contemporains sera le premier devoir à remplir. Leur publication est l'objet qui nous occupe en ce moment; elle doit compléter ce premier travail, que nous terminerons en traduisant les paroles de Gabriel Naudé :

« Toutes les fois que j'aperçois les œuvres en-
« core inédites de Christine de Pisan, je ne puis
« m'empêcher de déplorer le sort de cette femme
« vraiment supérieure, qui fut douée d'une vertu
« si pure et d'un savoir si éminent, et dont les
« ouvrages, composés en langue vulgaire et admi-
« rablement écrits pour leur époque, furent rem-
« plis des maximes de la plus haute sagesse. Mais
« quelque jour ma tâche sera de les venger des
« vers, de la poussière et de l'oubli. »

Cette tâche est encore à prendre; car Naudé avait surtout en vue le *Livre de la Paix* et le *Trésor de la Cité des Dames.* C'est pourquoi nous insistons sur l'intérêt particulier qu'il y aurait à

rendre ces deux ouvrages aux amis des études
historiques. Le titre du *Livre de la Paix* lui don-
nerait au moins de l'à-propos, quoique d'autres
écrits du même auteur ne méritent pas davantage
de rester inédits. Quel que soit le sort réservé à
leur publication, notre travail se termine aujour-
d'hui, en signalant une lacune incomparablement
plus grande que celle qu'il a pu remplir.

R. Thomassy

# NOTICE LITTÉRAIRE

## ET

## PIÈCES INÉDITES.

# NOTICE

SUR

# LES PRINCIPAUX OUVRAGES

## DE CHRISTINE DE PISAN

ET SUR LEUR INFLUENCE AUX XVᵉ ET XVIᵉ SIÈCLES.

## I

Nous croyons avoir démontré, dans l'introduction, les droits que le rôle et les écrits politiques de Christine de Pisan lui donnaient à une gloire légitime et durable. Il s'agit maintenant de retrouver les titres de son influence littéraire, d'en signaler au moins les principaux, et de les mettre, avec une rapide appréciation, sous les yeux des amis de la science qui voudraient s'en servir. La vie de cette femme célèbre est tout entière dans ses œuvres. Or, faire la notice de celles-ci, c'est une manière d'écrire son histoire ; car *fille d'étude*, comme elle s'appelle ingénûment, Christine a surtout vécu avec ses livres, et leur a confié tout ce que nous aurions pu apprendre de ses contemporains.

Et d'abord il importe de savoir ce que les contemporains et les écrivains postérieurs ont pensé de ses ouvrages ; l'ancienne renommée de ses écrits nous préparera à les apprécier dans leur valeur réelle et absolue. D'un autre côté, les témoignages dont ils ont été successivement l'objet, forment une chaîne de traditions littéraires qu'on ne saurait suivre avec trop de soin ; car, en se prolongeant jusqu'au XVIᵉ siècle, elle rattache la littérature de François Iᵉʳ à celle dont Christine fut l'expression. Ce fait seul nous semble d'une haute importance pour l'époque en question, où l'érudition moderne rompit brusquement avec tous les vieux souvenirs de la France, et où le développement historique des lettres nationales laisse entrevoir tant de solutions de continuité. Il est vrai qu'alors ces lacunes, où le moyen âge se précipitait dans l'oubli, étaient déguisées sous le nom fastueux de *Renaissance classique*, perdues de vue en présence des trésors de l'antiquité. Mais dans ce vaste naufrage de notre littérature vulgaire, si nous prouvions que la mémoire de Christine a été l'une des dernières à disparaître, et que son influence littéraire s'est long-temps exercée sans interruption au milieu d'une incessante rénovation de faits et d'idées, ce serait déjà établir en sa faveur un préjugé bien puissant pour lui rendre une part de sa vieille gloire; et peut-être la lui restituerons-nous tout entière, si nous songeons que ses écrits, durant un siècle d'injuste indifférence pour le passé, ont toujours trouvé des éloges et des imitateurs.

Quant aux adversaires que lui attira sa lutte contre le *Roman de la Rose*, ils firent bien mieux encore ressortir l'autorité et le caractère de son influence. Ils montrèrent surtout dans tout leur jour les tendances morales de son école; mais leur appréciation sera l'objet d'un autre travail: notre seul but ici est d'étudier Christine comme écrivain, et de chercher d'abord sa valeur littéraire sur le théâtre où elle l'exerça, c'est-à-dire auprès de la noblesse et de la cour; car c'est là où les lettres nationales furent toujours préférées aux lettres classiques, qu'il faut commencer à étudier l'opinion qu'on s'était formée de ses écrits; c'est là d'ailleurs qu'élevée par les bienfaits de Charles V, elle avait obtenu par ses talens variés la protection de tous les princes du sang français. Le duc d'Orléans, en particulier, qui ne se fit pas moins remarquer par son goût pour la poésie que par ses mœurs frivoles et chevaleresques, semble lui avoir témoigné une bienveillance constante. Christine lui avait d'abord dédié l'*Epître d'Othéa, déesse de Prudence*; plus tard, elle lui adressa à plusieurs reprises diverses pièces de vers qui prouvent l'accueil bienveillant dont elle continua de jouir auprès du frère de Charles VI. C'est ce qui nous explique le rondeau qu'elle lui écrivit, au milieu des troubles de l'an 1405, et que nous avons vu en *post-scriptum* dans sa lettre à Isabelle de Bavière.

La renommée poétique du fils aîné de ce prince, de Charles d'Orléans, qui, fait prisonnier à la bataille d'Azincourt, charma par des chansons les ennuis de sa captivité, nous paraît devoir se rattacher encore à la lecture des ouvrages de Christine. Plusieurs faits certains font présumer une pareille influence de la part de ce dernier auteur : d'abord la connaissance de ses poésies, à laquelle, dès sa plus tendre enfance, le jeune Charles d'Orléans avait été initié ; ensuite les circonstances qui durent les remettre sous les yeux de ce prince, lorsqu'il eut été amené captif en Angleterre, où les écrits de Christine jouissaient depuis long-temps d'une grande renommée. Nous avons dit, en effet, comment, apportés par le comte de Salisbury à la cour de Richard II, ils furent connus et généreusement appréciés par le successeur de ce prince, Henri IV de Lancastre. Ils continuèrent de rester en faveur auprès de la noblesse d'Angleterre jusqu'au règne d'Edouard IV, et y furent même popularisés, en 1477, par une traduction anglaise. Ainsi le comte Rivers, beau-frère de ce dernier monarque et l'un des nobles personnages du drame de

Richard III [1], traduisit les *Proverbes Moraux* de Christine. En 1489, Henri VII, juge compétent en pareille
matière, fit traduire à son tour le *Livre des Faits d'armes
et chevalerie* du même auteur : preuve non équivoque
de la valeur qu'on avait attribuée jusqu'alors à ses écrits.
Or, cette estime, que les vainqueurs d'Azincourt et leurs
descendans accordaient à ces ouvrages, aurait assurément suffi pour les rappeler à l'attention de Charles
d'Orléans, si ce prince et son frère, le comte d'Angou-
lême, depuis l'année 1412 retenu comme otage à la cour
de Londres, avaient pu oublier les poésies dédiées à leur
père, et tous les ouvrages de Christine si recherchés à la
cour de France.

Remarquons enfin comment le goût de la poésie se
perpétua dans la famille d'Orléans : après l'avoir accom-
pagnée dans la captivité, il monta avec elle sur le trône
de France. François Ier le fit régner à sa cour. Mais ce
qu'il y a de curieux, c'est que la renommée de Christine
se perpétue autour de la personne de ce prince, comme
si elle le suivait par une sorte d'affinité et de tradition
héréditaire. Ainsi les poètes du XVIe siècle qui font le
plus bel éloge de Christine, sont précisément les deux
Marot, Jean et Clément, tous deux valets de chambre
du monarque ami des belles-lettres. Le premier, qui
avait été secrétaire et poète en titre d'Anne de Bretagne,

---

[1] Voyez les Œuvres de Shakspeare, t. XII, p. 181, édit. de M. Guizot.

femme de Louis XII, et par conséquent en rapport avec l'héritier de la branche aînée d'Orléans, fait remarquer

*De Christine la grant sagesse [1].*

Son fils, Clément Marot, qui a imité plus d'une fois les poésies légères du même auteur, dit dans un de ses rondeaux :

*D'avoir le prix en science et doctrine*
*Bien mérita de Pisan la Christine*
*Durant ses jours [2].*

On sait aussi que, pour plaire à François Ier, ce dernier poète retoucha et rajeunit la forme déjà surannée de quelques auteurs du moyen âge, et, comme dit Étienne Pasquier, « par une bigarrure de langage vieux et nouveau, habilla le *Roman de la Rose* à la moderne française [3]. » Ce fameux *Roman* le mettait naturellement sur la voie d'étudier les œuvres de Christine et d'apprécier, comme il le dit lui-même, leur caractère de science et de sagesse. C'est ainsi que la renommée de Christine, traversant les révolutions de la première moitié du XVe siècle, où dans tous les ordres de faits s'opéra la grande

[1] Œuvres de Jean Marot, dans les Œuvres de Clément Marot. La Haye, t. V, p. 302.

[2] Œuvres déjà citées, t. II, p. 380.

[3] *Le Rommant de la Rose*, nouvellement reveu et corrigé oultre les précédentes impressions. Édition de 1529.

solution de continuité entre les idées du moyen âge et
les idées modernes, arrive intacte jusqu'au XVIᵉ siècle,
vient se joindre à celle de Clément Marot, et donnant
la main à *son élégant badinage*, renoue le fil interrompu
de nos traditions littéraires.

Du reste, les deux Marot n'ont pas été les seuls imitateurs de Christine; et son influence littéraire ne s'est
pas uniquement conservée dans la famille d'Orléans, ne
s'est pas exclusivement développée sous la protection de
ses princes. Il y avait dans les œuvres de notre écrivain
une sève assez puissante pour se répandre au dehors, et
livrer ses rejetons au grand air. Ces rejetons grandirent
donc après la mort de leur auteur qu'avaient pu apprécier, de son vivant, le chancelier Gerson et Mathieu
Thomassin; et ses écrits traduits en anglais et en portugais (car il ne faut pas oublier le *Trésor de la Cité des
Dames* publié à Lisbonne, en 1518, sous le titre de *Miroir
de Christine*), supposent une popularité trop grande de
sa part pour qu'il n'ait pas créé dans la langue propre à
ses ouvrages, une école particulière, héritière directe
des traditions de son génie, indépendante de toute protection royale ou nobiliaire. C'est, en effet, ce qui résulte
de l'influence exercée sans interruption par les écrits de
Christine, et attestée par des témoignages divers jusqu'au milieu du XVIᵉ siècle. A cette époque, la traduction
de son *Chemin de longue Etude, faite de langue romane en
prose française* pour le mettre à la portée de tous les lec-

teurs, habilla cet ouvrage *à la moderne*, comme avait fait Clément Marot pour le *Roman de la Rose*. Mais en signalant le langage déjà inusité du texte original [1], le traducteur Jean Chaperon ferma, lui-même, en 1549, l'école que Christine avait ouverte un siècle et demi auparavant.

Sous le point de vue moral, cette école est précisément l'opposée de celle du fameux roman de Jean de Meung. Christine s'en déclara l'adversaire par des attaques directes ; mais elle se maintint surtout dans ce rôle par les écrits qu'elle composa en l'honneur de son sexe. Aussi tous les défenseurs des femmes viennent-ils se ranger sous son drapeau. C'est l'indice le plus certain qui fait reconnaître ses disciples, et ceux qui, de près ou de loin, durant les xv^e et xvi^e siècles, se rattachent à son influence. Ainsi, Jean Marot, par *la vray-disant advocate*

---

[1] Clément Marot avait fait la même remarque dans son rondeau *à une Dame lyonnaise* qu'il ne peut élever plus haut, dans son éloge, qu'en la comparant à Christine :

> D'avoir le prix én science et doctrine
> Bien mérita de Pisan la Christine
> Durant ses jours ; mais ta plume dorée
> D'elle seroit à présent adorée,
> S'elle vivoit par volonté divine ;
> Car, tout ainsi que le feu l'or affine,
> Le temps a fait notre langue plus fine.

(Œuvres déjà citées, t. II, p. 380.)

*des dames et princesses*, se place dans l'école de Christine, dont il recommande ailleurs de lire les ouvrages [1].

A ce titre, Jean Molinet, connu pour avoir *moralisé* le *Roman de la Rose*, c'est-à-dire pour l'avoir entièrement dénaturé, seule manière d'en rendre la lecture morale, appartient à l'école de Christine de Pisan. C'est un de ses imitateurs les moins douteux; et quoiqu'il ne l'ait pas nommée dans ses œuvres, il n'en a pas moins repré-

> Lisez de Debbora la saige,
> Lisez de Thamar la paintresse
> Qui fut souveraine maitresse
> De vivifier ung ymayge;
> *De Christine la grant sagesse;*
> Et puis de Didon la largesse,
> En son temps reine de Chartaige,
> Vous n'avez pas tant d'avantaige,
> Villains, qui diffamez les femmes;
> Ce nous est ung loz que vos blasmes.

Comme on voit, Christine n'avait pas d'égales parmi les femmes contemporaines ou modernes. Aussi le poëte ne peut-il la placer qu'au milieu des héroïnes de l'antiquité. (Dans les Œuvres de Clément Marot, La Haye, t. V, p. 302.)

N'oublions pas aussi que Jean Marot a imité littéralement, dans son rondeau à Sainte Susanne, les vers adressés à Valentine Visconti et cités dans notre Introduction, p. LX. (Œuvres de Clément, *idem*, p. 337.)

Puisque nous parlons du premier Marot, rappelons son meilleur titre littéraire : c'est l'histoire versifiée, et peut-être la plus exacte et la plus complète, des exploits de Louis XII en Italie. Elle fut dédiée, sous le titre d'*Heureux Voyages*, à la Reine de France, Anne de Bretagne.

senté son influence littéraire. Il est vrai qu'il l'a aussi
rendue méconnaissable sous les formes d'un idiome
dégénéré et corrompu, comme était le français de la fin
du xv<sup>e</sup> siècle et du commencement du xvi<sup>e</sup>. Sous ce rapport, Molinet ne signale que trop bien le passage pénible
de notre langue du siècle de Christine à celui des érudits
de la renaissance; car sa muse, entremêlant le latin et
le français, latinisant encore plus souvent ce dernier
idiome, lui ôte toute la fraîcheur qui le distinguait dans
les écrits de Christine. Mais quant au fond des pensées
et à leurs tendances morales, les imitations de Molinet
sont de la dernière évidence. C'est ainsi qu'elles nous ont
frappés de prime abord dans *le Chappelet des Dames*, dans
*le Naufrage de la Pucelle*, enfin dans *l'Epitaphe d'Isabelle
de Castille* [1]. En comparant cette princesse catholique à
la *prudente Othéa*, Jean Molinet rappelle un des premiers
ouvrages de Christine; et dans plusieurs autres passages
de ses œuvres, il prouve qu'il n'a pas moins bien connu
les autres écrits du même auteur.

La lecture de ces mêmes ouvrages semble avoir été
encore plus familière à Jean Bouchet, de Poitiers, l'auteur des *Annales d'Aquitaine*, et qui l'a été aussi de
plusieurs poëmes moraux et d'un grand nombre de bala-
des et de pièces de poésie légère. Chez lui l'imitateur de

---

[1] *Faicts et dictz de Jean Molinet*, f<sup>o</sup> 38, 44, 220 v<sup>o</sup>, 262. — Nouvellement imprimez à Paris. — MD. XL.

Christine se montre à chaque instant; aussi l'a-t-il placée dans *le Tabernacle des illustres dames* qu'il passe en revue dans son *Temple de bonne Renommée*. Il la met immédiatement après les romaines les plus célèbres :

> Et les suivoit Christine l'ancienne,
> Qui fut jadis grant réthoricque,
> Et mère aussi de l'horateur Castel,
> Qui fist si bien que onc ne vys un *cas tel* [1].

Ce dernier vers, qui renferme un jeu de mot plusieurs fois reproduit par le mauvais goût des auteurs de cette époque, nous rappelle l'opinion qui avait fait attribuer au f.ls de Christine la plupart des écrits de sa mère. Cette opinion, réfutée à l'avance par la date de ces mêmes

---

[1] Voyez le *Temple de bonne Renommée*, f° 56. Paris, (15)18.

Jean Castel, fils de Christine de Pisan, ne fut pas indigne de la renommée de sa mère. Il cultiva avec succès la poésie, et, d'un autre côté, eut le titre de *grand chroniqueur* de France (La Croix du Maine, Bibl. franç., p. 66). La continuation de la *Chronique Martinienne* fut imprimée sous le nom de *monseigneur le chroniqueur Castel*, en 1500 et puis vers 1504. *Le Mirouer des Pescheurs et Pescheresses, par frère Jean de Castel, de l'ordre de saint Benoît*, fait à la requeste de Jean du Bellay, évesque de Poitiers, et imprimé chez Ant. Vérard ( V. l'abbé Goujet, Bibl. franç., t. IX, p. 423), semble encore appartenir au fils de Christine. Celui-ci aurait donc fini ses jours dans la vie cénobitique ; et c'est de lui qu'Octavien de Saint-Gelais aurait dit, dans le *Séjour d'honneur*, f° vi :

> Les dictateurs des chroniques de France,
> Comme *Froissard* et le *moine Castel*.

écrits et par l'âge de Jean Castel, ne supporte pas le moindre examen; mais propagée par les détracteurs de cette femme sans égale parmi ses contemporaines, elle nous montre quels furent les efforts de ses adversaires pour la combattre. Cette opposition, qui la poursuivit long-temps même après sa mort, n'en prouve que mieux l'influence de son école : c'était l'ombre du tableau où ses imitateurs firent briller ses traditions.

Jean Bouchet les a surtout conservées avec une fidélité scrupuleuse. Il les reproduit dans son *Triomphe de la noble et amoureuse dame et l'Art d'honnestement aimer* [1], dans *les Angoisses et Remèdes d'amour*, dans plusieurs de ses ballades, enfin dans *le Jugement poétique de l'honneur féminin*, où, après avoir signalé les femmes les plus célèbres de l'antiquité et de l'Italie moderne, il ajoute : « Je ne sauroys oublier les épistres, rondeaux et ballades en langue françoyse de Christine, qui (s)avoit la langue grecque et latine, et fu mère de Castel, homme de parfaite éloquence [2]. »

La connaissance du grec paraît avoir été tout à fait étrangère à Christine, qui n'avait étudié les écrits d'Aristote que dans des traductions latines et françaises; mais cette erreur n'en prouve que mieux la haute

[1] Imprimé à Poitiers, par Jehan et Auguilbert de Marnef frères, 1538.
[2] *Le Jugement poétique de l'honneur féminin*, nouvellement imprimé à Paris, par Guillaume de Bossozel, 1536, f° x, verso.

estime dont cette femme jouissait auprès des écrivains
du xvi<sup>e</sup> siècle. Les hommages qu'ils lui rendirent sont
pourtant bien faibles à côté de ceux qu'elle reçut de ses
contemporains, quelques années après sa mort. C'est ainsi
qu'on lit dans *le Champion des Dames*[1], dédié, en 1440,
à Philippe-le-Bon, duc de Bourgogne, un chapitre remarquable consacré presque en entier *à dame Christine
de Pisan, dont la renommée est très fresche et très clère.*
Martin-le-Franc, prévôt de l'église de Lauzanne, et plus
tard secrétaire du pape Nicolas V, fut l'auteur de cette
œuvre poëtique, l'une des plus renommées du xv<sup>e</sup> siècle.
Il y résume en quelque sorte toutes les pensées de Christine en l'honneur de son sexe, sans omettre les accusations
de ses contradicteurs ; et c'est en la considérant comme
le modèle des femmes de cette époque, qu'il ne permet
plus de douter de son influence morale et littéraire.

> ..... De France plusieurs dames
> Furent apertes et habilles,
> Et firent vergongnes et blasmes,
> Aux hommes en champs et en villes.
>
> Mais auffort des choses passées,
> Jugons par ce que véons or
> Aussy bien que *dame Christine*,
> De la quelle, à trompe et à cor,
> Le nom va partout et ne fine.

[1] Ms. de la Bibliothèque royale, suppl. français, n° 632-2, f° 114.

Loer assez je ne la puis.
Sans soupirs, regrets et clamours
Non porroient ceulx, qui au puis
Servent le gay prince d'amours;
Car vraiement toutes les flours
Avoit en son jardin joly,
Dont les beaux dictiers longs et cours
Fait-on en langage poly.

Aux estrangiers povons la feste
Faire de la vaillant Christine,
Dont la vertu est manifeste
En lettre et en langue latine;
Et ne devons pas soubs courtines
Mettre ses œuvres et ses dis,
Affin que, se mort encourtine
Le corps, son nom dure toudis.

*Froissart* sçavoit bien le pratique
De bien dicter, ou ils me mentent.
La mort *Machaut*, grant rhétorique,
Les facteurs amoureux lamentent.
Les aultres d'*Alain* se démentent,
Car il a le mieux baladé.
Aultres pour *Castel* se démentent,
Pour *Nesson* et pour *Mercadé*.

De baladans et de rimans,
D'ungs et d'aultres parler peut-on,

---

¹ Voyez sur les *Puys d'amours* les discussions de *Franc-Vouloir* et de son adversaire, *advocat de Male-Bouche. (Champion des Dames,* ms. f° 27.)

Le langage amoureux limans,
Et polissans comme letton.
Mais elle, fut Tulle et Cathon !
Tulle ; car en toule éloquence
Elle eut la rose et le bouton ;
Cathon aussi en sapience.

Ces vers de Martin-le-Franc, écrits à une époque où l'on «ne doit aux morts que la vérité», et onze ans après la composition du poëme de Jeanne d'Arc par Christine, constituent pour notre écrivain un véritable jugement historique dans toute sa rigueur. Ils confirment à son égard tout ce que nous étions en droit de présumer de son influence morale et littéraire, et lui accordent surtout le *prix de sagesse et de doctrine* que Clément Marot devait lui donner un siècle après. Quant à la poésie, Christine en avait réuni toutes les fleurs dans son *jardin joly*, où chacun venait cueillir celles de son choix ; en un mot, sa *renommée très fresche et très clère* était une gloire nationale, et on pouvait la montrer avec orgueil aux *étrangers*. C'est ainsi qu'en la comparant aux meilleurs poètes de son siècle, à Froissard, Guillaume Machaut, Alain Chartrier, Jean Castel, Pierre de Nesson et Mercadé, Martin-le-Franc la place au dessus d'eux, et lui donne *la rose et le bouton* en sagesse et en *toute éloquence.*

Telle est l'ensemble des principaux témoignages sur une femme, à peine aujourd'hui connue, et dont les ouvrages embrassèrent pourtant la poésie et la morale, l'histoire et la politique de son époque; femme unique sans contredit, au moins pour avoir combattu avec le chancelier Gerson l'influence funeste du *Roman de la Rose*, en attendant qu'elle pût célébrer dans Jeanne d'Arc l'héroïne de son sexe et la libératrice de la France. Célébrée par un contemporain quelques années après sa mort, comme elle devait l'être au XVII<sup>e</sup> siècle par le fameux Gabriel Naudé, elle semble désormais vengée de l'oubli, qu'une coupable indifférence a laissé peser trop long-temps sur nos plus belles gloires du moyen âge.

Il ne reste donc plus qu'à soumettre l'ancienne renommée de Christine au contrôle de la critique moderne, et à juger ses écrits dans leur valeur réelle et absolue, indépendamment de la longue faveur dont ils ont joui, ou de l'injuste oubli dont plus tard ils ont été victimes. Telle est l'appréciation dont nous avons cherché les élémens dans les textes manuscrits de Christine; nous en indiquerons les principaux, afin que chacun puisse contrôler lui-même notre propre travail.

## II

# Manuscrits de la Bibliothèque Royale.

### Nos 7223 et 7399.

## LE ROMAN D'OTHÉA ET D'HECTOR.

« Cy commence l'épistre que Othéa, déesse de Prudence, envoya à Hector de Troye, quand il estoit en l'aage de quinze ans. »

Cet ouvrage, l'un des premiers de Christine de Pisan, paraît avoir été destiné par elle à l'instruction de la jeunesse de Louis, duc d'Orléans, né en 1371, et fils de Charles V.

Mon premier devoir à remplir en parlant de la Bibliothèque royale, est d'exprimer ma reconnaissance envers ses Conservateurs, toujours empressés de communiquer les richesses imprimées ou manuscrites dont ils sont dépositaires. Je dois remercier en particulier M. Champollion, mon ancien professeur à l'École des Chartes, dont l'obligeance m'a permis de continuer mes recherches, même pendant les vacances de la bibliothèque, et M. Paulin Paris qui, au début de mon travail, avait eu l'attention de m'indiquer plusieurs manuscrits de Christine de Pisan. On ne saurait enfin trop rappeler que si la Bibliothèque royale est un dépôt scientifique sans égal en Europe, il est surtout unique par l'accès facile et l'accueil bienveillant qu'y trouvent tous les amis des études sérieuses.

Les manuscrits indiqués contiennent le *Roman d'Othéa et d'Hector*, qui a été imprimé à la fin du xv<sup>e</sup> siècle et au commencement du xvi<sup>e</sup>, sous le titre de *Cent Histoires de Troye* [1]. Le livre contient en effet cent préceptes moraux, soutenus chacun d'un exemple tiré de la fable ou de l'histoire ancienne. En outre, chaque précepte, renfermé dans un quatrain et accompagné d'une exposition du sujet historique, finit par une leçon de morale et par la sentence de quelque philosophe; tandis qu'à la marge est écrite une allégorie pieuse, contenant une maxime des Pères de l'église ou un passage latin emprunté à la Bible. Tel est cet ouvrage d'instruction chevaleresque, où le sacré se mêle au profane, comme les vers à la prose : c'est peut-être celui où Christine a le plus sacrifié la simplicité, qui lui était naturelle, au goût particulier de son époque. N'oublions pas surtout que c'était un de ses premiers écrits, et parmi eux, une sorte d'exception pour le langage comme pour la forme littéraire.

Dans l'épître dédicatoire au jeune Louis, duc d'Orléans, Christine parle avec autant d'éloges de son père que de modestie d'elle-même.

> D'umble vouloir, moy, povre créature,
> Femme ygnorant, de petite estature,

[1] A Paris, Philippe Pigouchet, sans date; à Lyon, en 1497; enfin, à Paris, par Philippe le Noir, en 1522.

Fille jadis philosophe et docteur

Qui conseillier et humble serviteur

Vostre père fu, (que Dieu face sa grace),

Et jadis vint de Boulongne la grasse,

Dont il fu né, par le sien mandement,

Maistre Thomas de Pisan, autrement

De Boulogne fu dit et surnommé

Qui solemnel clerc estoit renommé.

. . . . . . . . . . . . . . . . . . .

Si ne vueillez mespriser mon ouvrage,

Mon redoubté seigneur, humain et sage,

Pour le despoir de ignorant personne;

Car petite clochète grant voix sonne

Qui bien souvent les plus saiges réveille

Et le labour d'estude leur conseille.......

On peut consulter encore le Mémoire de l'abbé Sallier sur *l'Epistre d'Othéa à Hector.* Il y est question d'un autre opuscule de Christine, intitulé : *Le Débat des deux Amans,* lesquels, *parlant d'amour,* discutent *si honneur en vient ou honte, et si c'est maladie ou grant santé.* (Mémoires de l'Acad. des Inscript., t. XVII, p. 515.) On lit enfin, dans l'inventaire des manuscrits du duc de Berry, la preuve que Christine offrait ordinairement à chaque prince de la famille royale un exemplaire de ses ouvrages: c'est ce qu'elle fit pour le livre en question.

«Un livre de l'*Epistre que Othea la deesse envoya à Ector,* compilé par damoiselle *Christine de Pizan,* escript en françois de lettre de court, très bien historié; et au commencement du second feuillet a escript pour ce le dit, etc., donné par la dite *Christine* à monseigneur, et prisé 50 sols tournois. » (Le Laboureur, *Histoire de Charles VI*, t. Ier, p. 77.)

———

## N° 7217.

Christine avait commencé sa réputation par des morceaux de poésie légère, ballades, *lais* et *dittiés*. La plupart sont adressés à des amis ou aux membres de la famille royale, à la reine Isabelle et aux ducs de Berry, de Bourgogne, d'Orléans; mais nous citerons de préférence le rondeau suivant, qu'elle composa après la mort de son père, et qui rappelle la douce mélancolie des chansons du prisonnier d'Azincourt :

> Com turtre suis sanz per, toute seulète,
> Et com brebis sanz pastour esgarée;
> Car par la mort fus jadis séparée
> De mon doulz per, qu'à toute heure regraitte.
>
> Il y a .vij. ans que le perdi, lassète;
> Mieulx me voulsist estre lors entérée.
>      Com turtre sui !
>
> Car depuis lors en dueil et en souffrète,
> Et en meschief très grief suis demourée;
> Ne n'ay espoir, tant com j'are durée,

D'avoir soulas com en joye me mette.

Com turtre sui !

Le sentiment du bonheur n'est pas moins bien exprimé dans la ballade sur les douceurs du mariage :

Doulce chose est que mariage,
Je le puis bien par moy prouver,
Voyre à qui mary bon et sage
A, comme Dieu m'a fait trouver.
Louez en soit-il, qui sauver
Le me vueille ! car son grant bien,
De fait, je puis bien esprouver ;
Et certes le doulz m'aime bien !

La première nuit du mainage,
Très lors poz-je bien esprouver
Son grant bien ; car oncques oultrage
Ne me fist, dont me deust grever.
Mais ains qu'il fust temps de lever,
Cent fois baisa, si com je tien,
Sanz villennie autre rouver ;
Et certes le doulz m'aime bien !

Et disoit par si doulz langage :
« Dieux m'a fait à vous arriver,
Doulce amie ; et pour vostre usage
Je croy qu'il me fist eslever. »

M. Francisque Michel a publié ce rondeau de Christine, d'après le
manuscrit du Musée britannique (Bibl. Harléienne, n° 4431), dans les
*Specimens of the Early poetry of France*, by Louisa Stuart Costello,
dont il a été le collaborateur, p. 106. (V. sa notice sur Christine, p. 97.)

Ainsi fina de resver,
Tout nuit ensi fait maintien,
Sanz autrement soy desriver;
Et certes le doulz m'aime bien !

Princes d'amour me fait desver,
Quant il me dit qu'il est tout mien,
De doulcour me fera crever;
Et certes le doulz m'aime bien !

Tel est le genre de poésies légères dont Christine de Pisan avait composé plusieurs recueils. L'un d'eux se trouve indiqué comme il suit dans l'inventaire déjà cité des manuscrits du duc de Berry, oncle de Charles VI :

« Un livre compilé de plusieurs *ballades et ditiés*, fait et composé par damoiselle Christine (de Pizan), escript de lettre de court, bien historié; lequel livre monseigneur a acheté de la dite damoiselle deux cens escus. Prisé 40 livres parisis. » (Le Laboureur, *Histoire de Charles VI*, t. Ier, p. 82.)

Un dernier rondeau nous rappellera le débat littéraire contre le *Roman de la Rose*, où Christine eut pour auxiliaire le chancelier Gerson. C'est en 1401 qu'elle engagea cette lutte en l'honneur de son sexe et de la morale, par une lettre adressée à Isabelle de Bavière, reine de France, dont elle était alors la *chambrière :*

Mon chier seigneur, soïez de ma partie ;
Assailli m'ont à grant guerre desclose
Les aliez du *Roman de la Rose,*

Pour ce qu'à eulx je ne suis convertie.
Bataille m'ont si cruelle bastie,
Que bien cuident m'avoir jà presqu'enclose.
Mon chier seigneur, etc.

Pour leur assaulz ne seray alentie
De mon propos ; car c'est commune chose
Que l'en cuert sus à qui droit deffendre ose.
Mais, se je suis de sens pou avertie,
Mon chier seigneur, soïez de ma partie.

N° 8038-3 (f° 7).

## ENSEIGNEMENS MORAUX.

«En suyvent plusieurs beaulx dicts et enseignemens
de la saige Christine de Pisan à son fils, utiles et prouf-
fitables :

### I.

Filz, je n'ay mie grant trésor
Pour t'enrichir. Pour ce, dès or
Aucuns enseignemens monstrer
Te vueil, si les veuilles noter.

Amour et crainte de Dieu, jeunesse laborieuse et réglée,
étude des sciences, choix d'un état, devoirs de sa position, devoirs envers la société, envers ses supéricurs,
ses égaux, ses inférieurs et envers soi-même, envers ses

amis, sa femme, ses enfans : telles sont les règles morales que la sage Christine donne à son fils. Dans ces
enseignemens elle n'a garde d'oublier le *Roman de la
Rose*, qu'elle avait attaqué avec tant de courage. Aussi
dit-elle à son fils :

### XIX.

Si tu veulx chastement vivre,
De *la Roze* ne lis le livre
Ne Ovide de l'art d'aymer,
Dont l'exemple faict à blasmer.

### XX.

Se tu veulx lire des batailles
Et des regnes les convenailles,
Si lis Vincent et aultres maintz,
Les faicts de Troye et des Romains, etc.

## N° 7088.

## PROVERBES MORAUX.

Les proverbes moraux de Christine sont le complément naturel des enseignemens qu'elle adresse à son
fils, Jean Castel. Celui-ci dut les faire connaître à la cour
d'Angleterre, où il avait passé une partie de sa jeunesse
sous la protection du comte de Salisbury. C'est là qu'ils
furent traduits en anglais par le comte Rivers.

Gentillesce vraye n'est autre chose,
Fors le vaissel où vertu se repose.

Trop petit vault bons exemples ouyr,
A qui ne veult contraires meurs fouyr.....

Propice au monde et à Dieu acceptable,
Estre ne puet homs, s'il n'est charitable.....

Prince cruel et rapineux d'argent,
Je tiens à fol s'il se fie en sa gent.....

Prince poyssant, à qui d'estre repris
Ne luy desplait, est signe de grant prix.....

Prince où il a clémence et bonnes meurs,
De ses subgiez et d'autres trait les cuers, etc.

Voici les réflexions dont le comte Rivers a fait suivre la traduction de ces *Proverbes moraux :*

> Of these sayynges Cristyne was aucteuresse,
> Whiche in makyng hadde suche intelligence,
> That Therof she was mireur and maistresse ;
> Hire werkes testifie thexperience.
> In Frensh languaige was writen this sentence,
> And thus Englished dooth hit rehers
> Antoin Widevylle therl (the Earl) Ryvers.....
> At Westmestre, of feverer xx daye,
> And of kyng Edvvard the xvii yere vraye (1477)
>     Enprinted by Caxton
>     In feverer the cold season,

(*Bibl. Spenceriana* de T. Frognall Dibdin, t. IV, p. 218, et son édition du *Typographical Antiquities*, t. I, p. 72. London, 1810.) Ce dernier ouvrage renferme une notice littéraire sur Christine, propre à déterminer les points de contact, que cette femme établit par la popularité de ses écrits, entre nos annales littéraires et celles de l'Angleterre. (Voyez encore à ce sujet le catalogue des mss. de la bibliothèque Harléienne, t. III, p. 144.)

Le même n° 7088 (f° 6-32, in-f° à 2 col.) contient *Le Livre de prudence à l'enseignement de bien vivre.*

C'est un véritable traité *ex professo* qu'on dirait sorti des mains d'un professeur de l'Université. Il est composé de *textes* d'auteurs profanes, traduits en langue vulgaire, et de gloses ou commentaires sur ces textes. Dans cet ouvrage, Christine, aussi instruite de l'antiquité que de son époque, y prouve aussi qu'elle ne possédait pas moins la science sacrée que la science profane.

« Or ay escript, dit-elle (f° 20, col. 1), selon Senèque et autres auteurs, ce qui touche à l'enseignement de sapience ou prudence humaine; et pour ce que les susdites .IIII. vertus (prudence, magnanimité, tempérance et justice) avons tiré à propos, est assez convenable que en notre (livre) soit exposée la diffinicion d'ycelles, selon les autteurs ecclésiastiques, lesquelles diffinies ilz ont comme il s'ensuit, etc. »

———

N°ˢ 7216 et 7641.

## LE CHEMIN DE LONGUE ESTUDE,

### DÉDIÉ A CHARLES VI.

(20 mars 1403.)

La pensée de cet ouvrage se résume assez bien dans le titre qui lui a été donné : « *Le Livre de longue Estude,* ou Jugement renvoyé par les Dieux aux Rois de France, pour savoir qui mérite mieux le gouvernement du monde, ou la noblesse, ou la valeur, ou la richesse, ou la sagesse?» Ce livre a été recommandé par Claude Joly parmi les plus utiles à l'instruction des princes[1], et Gabriel Naudé le cite dans son éloge de Christine. Traduit en prose par Jean Chaperon, qui le dédia à damoiselle Nicole Bataille comme *un livre tout instruit de bonnes mœurs*, il fut imprimé à Paris en 1549[2].

Christine, inspirée des écrits de Boëce comme le fut tout le moyen âge, composa cet ouvrage au souvenir de la *Consolation de la Philosophie*. Elle voulait en même temps se dédommager des déplaisirs que lui avaient occasionnés les querelles relatives au *Roman de la Rose*. Dans la dédicace de son livre, elle raconte l'histoire intime de sa vie, depuis la mort de son époux jusqu'à l'époque où elle écrit. Or, d'après les paroles de l'auteur, cette époque, postérieure au 5 octobre 1402, et par conséquent à la défaite de Bajazet par Tamerlan,

[1] Préface du *Codicile d'or*, p. 25.

[2] *Le Chemin de long Estude de dame Christine de Pise, où est descrit le desbat au parlement de raison pour l'élection du prince digne de gouverner le monde, traduit de langue romanne en prose françoise par Jean Chaperon. Tout par Soulas.* A Paris, de l'imprimerie d'Estienne Groulleau, demeurant en la rue Nostre-Dame, à l'enseigne Saint-Jean-Baptiste. 1549. — Voyez aussi Du Verdier, Bibliothèque françoise, p. 165; et, à ce sujet, l'erreur de La Croix du Maine, Biblioth. franç. p. 215.

qui eut lieu le 30 juin de la même année, doit être
l'an 1403, où la bataille d'Ancyre conservait encore tout
son retentissement en Europe.

À regarder escriptures,
De diverses aventures,
Si cerchai un livre ou deux.
Mais tout je m'anuyai de eulx ;
Car riens n'i trouvay au fort
Qui me peust donner confort
D'un desplaisir que je avoye ;
Dont volontiers queise voie
De m'en oster de la pensée
Où trop estoie appensée.
Le jour que j'oz cel opprobre
*Fu le Vème d'octobre,*
*C'est an mille quatre cénz*
*Et deux.* Fust follie ou sens,
Mais nul qui ne l'eust sceu,
Ne s'en fust apparceu
Par semblant que j'en feisse,
Quoy que je amasse ou haïsse.

Et lors me vint entre mains
Un livre qui moult amay ;
Car il m'osta hors d'esmay
Et de désolation ;
Ce est de *Consolation*
*Bouëce,* le proufitable
Livre qui tant est notable.
(Ms. 7641, f° iii, r°.)

Elle ajoute les vers suivans qui peignent bien le caractère général de son époque, en même temps qu'ils déterminent la date de son ouvrage, et réfutent tout ce qui a été avancé à cet égard dans la Collection de MM. Michaud et Poujoulat.

Desoubz le ciel tout maine guerre,

Et meisme entre les Sarrazins,
Le Basat contre Tamburlan,
Que Dieux mette en si très mal an
Qu'ils se puissent entre euls deffaire,
Si n'i ait chrestien que faire,
Mais des chrestiens c'est domaiges,
Qui pour envie des hommages
Et d'estranges terres conquerre,
S'entre-occient par mortel guerre !
C'est pités, quant tel convoitise
Homme mortel si fort atise
Qu'il consent tant de sanc espandre !

　　　　(*Idem*, f° vi, r°. Voyez aussi le n° 7216.)

L'extrait suivant de l'inventaire des manuscrits du duc de Berry confirme la date assignée à la composition de cet ouvrage. Christine en avait offert un exemplaire à ce prince le 20 mars 1402, c'est-à-dire 1403 ; car l'année commençait alors à Pâques, qui fut célébrée le 15 avril.

« Le livre appelé de *Long Estude*, fait et composé par une femme appelée Christine, escript de lettres de court, le quel livre fu donné à monseigneur en son hostel de Nesle, à Paris, par la dessus dite Christine, le 20 mars 1402. Prisé 4 livres parisis (100 sols tournois). » (*Histoire de Charles VI*, par Le Laboureur, t. 1er, p. 76.)

L'inventaire en question fut dressé à la mort du duc de Berry par les créanciers de ce prince; et les 4 livres parisis que ceux-ci retirèrent du *Chemin de longue Etude* ne font pas l'éloge des bibliophiles contemporains, alors si passionnés pour la chiromancie, l'astrologie judiciaire et la pierre philosophale.

N° 7216 (f° 48).

# LE DIT DE LA PASTOURE.

(Mai 1403.)

Pastoure suis qui me plains
En mes amoureux complains.
Conter vueil ma maladie;
Puisqu'il fault que je le die,
Comme d'amours trop contraincte
Par force d'amer estrainte,
Diray comment je fus prise
Estrangement par l'emprise

Du Dieu qui les cuers maistroie,
Et qui bien et mal ottroie.

La *Pastoure* raconte avec une charmante naïveté les
années de sa jeunesse passées à la campagne, et consa-
crées aux soins des bergeries et de l'agriculture. Elle
décrit ensuite le plaisir des champs :

Là en l'ombre me séoie
Soubz un chaine, et essayoye
A ouvrer de filz de laine,
En chantant à haulte alaine.
Ceinturètes je faisoie,
Euyrées com ce fust soye;
Ou je laçoye coyfettes
Gracieusètement faittes,
Bien tyssues et entières;
Ou raisiaux, ou panetières
Où l'en met pain et fromage.
Dessoubz le chaine ramage
S'assembloient pastourelles,
Et non mie tout par elles;
Ainçois veissiez, soir et main,
Son ami parmi la main
Venir chascune tenant;
Plus de .xx. en un tenant,
Dont l'un flajolant venoit
Et l'autre un tabour tenoit,
L'autre musète ou chievrète.
N'il n'y avoit si povrète
Qui ne fust riche d'ami ! etc.

«Aucune n'était si pauvrette qui ne fut riche d'ami»,
vers délicieux par l'expression du sentiment, et qui rappellent ces beaux vers du poëme de Garin, publiés par
M. Paulin Paris :

> N'est par richesse né de vair ni de gris,
> Mais est richesse de parens et d'amis ;
>    Li cuers d'un hom vaut tout l'or d'un païs.

La *Pastoure* raconte ensuite comment le hasard la fit
connaître du gentil chevalier qui devint son époux ;
comment elle en fut aimée et répondit à son amour.

Cette pastorale est un petit trésor de poésie par les
chansons, les rondeaux et les ballades dont elle est parsemée, et par une vivacité de tendresse qui suppose
dans Christine un cœur vraiment adorable. Voici comme
elle peint les regrets de la séparation, lorsque son doux
ami lui disait :

> « Partir me fault sans demour
> Pour aler en tel voyage !
> Ha Dieux ! com piteux visage,
> Lassète, adonc je faisois
> Et par grant dolour disoye :
>    « Or, me voulez-vous occire,
> Ma doulce amour, mon doulz sire,
> Qui jà vous voulez partir !
> Morte une fois sans mentir,
> Me trouverez au retour ;
> Car je ne puis par nul tour

> Souffrir longuement tel peine !
> Et cil adonc m'apaisoit
> Doulcement, et me baisoit,
> Disant : « Ma belle maistrèce,
> Pour Dieu ! cesté grant destrèce
> Ostez ; car trop il m'en poise !
> Il convient que je m'envoise ;
> Mais je reviendray briefment.
> Ainsi à Dieu vous command, »
> Me disoit cil que baisoie
> Cent fois ; et grant dueil faisoie
> Au départir, et toute heure
> Tant com duroit la demeure.

Elle finit par ces vers, qui nous révèlent les sympathies du moyen âge pour les sentimens tendres et affectueux :

> . . . . . Amans, priez pour lui ;
> Car je vous jur que cellui
> Entre les bons est clamé
> Vaillant, et des preux amé.

Ce petit poëme est une allégorie dont l'intention morale est de montrer, d'un côté, les véritables sources de poésie que renferme un amour pur et légitime ; de l'autre, le mélange de joie et de peine, de crainte et d'espérance, qui s'attache à cette passion du cœur. Sous deux rapports, le *Dit de la Pastoure* peut donc être considéré comme une nouvelle réfutation du *Roman de*

*la Rose*; mais remarquons que l'attaque n'est qu'indi-
recte. Christine, blessée par la calomnie qui a interrompu brusquement ses rapports avec le chancelier
Gerson, dit dans son prologue :

> Et m'est avis qui veult drois
> Y visier, on puet entendre
> Qu'à aultre chose veult tendre
> Que le texte ne desclot;
> Car aucune fois on clot,
> En parabole couverte,
> Matière à tous non ouverte
> Qui semble estre truffe ou fable,
> Où sentence gist notable.

Elle finit par ces vers qui nous rappellent les siens...

« Telle est cette pastorale, qui offre, sous le voile de
l'allégorie, la peinture de l'amour consacré par le devoir, en opposition avec cette fureur de voluptés que
Jean de Meung décrit avec une inconcevable fécondité
de verve cynique dans son poëme allégorique de la *Rose*.
Lorsque nous en viendrons à l'examen de cet ouvrage,
ce sera le moment de faire connaître et d'apprécier
toute la pensée de Christine sur l'amour chevaleresque,
dans les ballades et poëmes moraux qu'elle lui a consacrés.
Contentons-nous ici d'en citer les principaux, qui sont:
*le Duc des vrais amans*, dédié à un jeune prince qui avait
voulu garder l'incognito; puis *le Débat des deux amans*,
*le Dit de Poissy*, *le Livre des trois Jugemens*, ce dernier
adressé au sénéchal de Hainaut, etc.

N° 7088 (f° 2, v°).

## ÉPITRE

A EUSTACHE DES CHAMPS, DIT MOREL, BAILLI DE SENLIS[1].

(10 février 1404.)

Cet Eustache des Champs fut un des poètes les plus féconds et les plus estimés parmi les contemporains de Christine. Celle-ci se met au rang de ses disciples, et l'appelle *son chier maistre et amis*. Après lui avoir exprimé le désir de *voir de ses œuvres vertueuses*, Christine, qui songe sans doute en ce moment au *Roman de la Rose*, dit à Eustache Morel :

De telz orreurs faire on n'a honte,
Dont meisme nature en a honte.
*Es voluptez chacun s'enlace,*
Ne je ne voy nul qui s'en lasse.
Gent ne considèrent qu'ilz faillent;
Toutes bonnes coustumes faillent;
Car vertus sont mis en mesconte.
De science on ne tient mais compte,
Par qui on gouvernoit jadis.

. . . . . . . . . . .

Lors le siècle estoit de fin or.

[1] Voyez la biographie d'Eustache des Champs en tête de ses poésies morales et historiques, publiées par notre collègue M. Crapelet, membre de la Société des Antiquaires de France, Paris, M. DCCC XXXII.

Sa lettre finit par une allusion plus directe au dénouement de la querelle littéraire sur le *Roman de la
Rose :*

> Meschiefs euz de ma partie,
> Puis que je parti ma partie.
> . . . . . . . . . . . . . . . . . .
> Et de telz annuiz encore ai-je,
> Dont je te pri de bon couraige
> Que Dieux prie que paciénce
> M'i doint ; car je n'ay pas science
> De toudis me tenir conforte
> En paciénce qui conforte.
> Dieu pry qu'il t'ottroit, par durable
> Temps, vivre au monde et pardurable.
> Escript seullette en m'estude,
> *Le dixsiesme jour par estude
> De février l'an mil quatre cens
> Et trois,* en deliberé scens.
>
> CRISTINE DE PIZAN.

> Ta disciple et ta bienveillant.

### Nos 7087 et 7087-2.

# LE LIVRE DE MUTATION DE FORTUNE.

## (Mars 1404.)

Dans cet ouvrage, Christine a versifié un essai d'histoire universelle. Après avoir intéressé par la confidence
intime de toutes les vicissitudes de sa vie, qui justifient
si bien le titre de son ouvrage, elle conduit son lecteur

dans le palais de l'irrésistible fortune, et y lit avec lui les annales des divers peuples de la terre. Elle passe successivement en revue les Juifs, les Troyens, les Grecs, Alexandre, les Romains et tous les peuples vaincus, et finissant par l'histoire des princes régnans, compare l'anarchie qui dure depuis la mort de Charles V aux sanglantes funérailles du conquérant de la Perse.

On lit dans l'inventaire déjà cité des manuscrits du duc de Berry : « Un livre de la *Mutation de Fortune*, escript en francois, rymé, de lettre de court, compilé par une damoiselle appellée *Christine de Pizan*, historié en aucuns lieux, lequel livre la dite damoiselle donna à monseigneur ou mois de mars 1403 (1404). Prisé 8 livres parisis. » (Le Laboureur, t. I<sup>er</sup>, p. 77.)

(1<sup>er</sup> novembre 1404.)

Le n° 9668 contient *le Livre des faits et bonnes meurs du roy Charles V<sup>e</sup>*, « accompli le 1<sup>er</sup> novembre 1404; et est parti ledit livre en III parties. »

Christine dut en faire plusieurs copies, car elle en offrit, non seulement au duc de Bourgogne, dont le père avait donné la première pensée de cet ouvrage, mais encore au duc de Berry, et probablement à plusieurs autres membres de la famille royale, également intéressés à connaître l'histoire de Charles-le-Sage.

« Un livre en français des *Faits et bonnes meurs du sage Roy Charles le Quint,* Roy d'icel nom, où il a escrit, au commencement du 2e feuillet, ses escuyers; couvert de cuir vermeil empreint, à deux fermoirs et clous de cuivre; lequel livre damoiselle *Christine de Pizan* donna à mon dit seigneur à estraines le premier jour de janvier l'an 1404 (1405). Prisé 60 sols parisis. » (Invent. des mss. du duc de Berry, p. 77.) Nous n'en dirons pas davantage sur ce livre bien connu, qui a été publié plusieurs fois.

N° 7394, *la Vision de Christine,* composée vers 1405. Cet ouvrage est divisé en trois parties.

La première parle de *l'image du monde* et des merveilles qu'il renferme; la seconde, de *l'opinion,* de sa puissance, des mille élémens qui la composent, du langage que cette reine du monde tient à Christine, etc.; enfin, la troisième est consacrée aux *Consolations de la philosophie.*

Christine y raconte l'histoire de sa famille et de sa propre vie (f° 52-65); mais donne peu de détails sur ses travaux littéraires, qui sont pour nous la plus belle part de son existence. Aussi sa véritable biographie se trouve-t-elle disséminée dans ses divers écrits. Mais c'est surtout d'après le manuscrit en question et *le Livre de mutation de fortune* (voir n° 7087), que la première moitié de la vie de Christine est à refaire.

Quant aux pièces politiques où nous trouvons le complément de son histoire, il ne s'agit pas ici d'en donner la notice, mais bien d'en éditer le texte original à l'appui de nos réflexions sur le rôle de leur auteur. Ces documens justificatifs devaient former une section à part, et c'est là que nous renvoyons le lecteur qui voudrait étudier leur mérite littéraire. N'oublions pas toutefois que le plus précieux d'entre eux, le *Livre de la Paix*, donné par Christine au duc de Berry, ne fut vendu que 4 livres parisis par les créanciers de ce prince, mort insolvable.

« Un livre qui est intitulé *le Livre de la Paix*, escript en francois de lettre de court, que damoiselle *Christine de Pizan* donna à monseigneur. Prisé 4 liv. parisis. » ( Le Laboureur, t. Ier p. 78.) C'est à cet ouvrage qu'il faudra rattacher les deux suivans pour compléter l'étude des idées politiques de Christine.

No 7087. *Le Livre des faits d'armes et de chevalerie.* (un parties sur 80 fos à 2 col. Voyez aussi les nos 7076, 7425, etc.) C'est l'ouvrage de Christine qui fut traduit en anglais et imprimé par ordre du roi Henri VII, en 1489[1].

« La première partie devise la manière que doivent

[1] Voyez les *Annales typographici* de Michel Maittaire, p. 212. A book of Xpyne of Pyse drawn out of *Vegecius de re militari*. — Translated from French into English by the command of Henry VII, xxiii of january the .iiii. year of his reign, by W. Caxton : which translation was finished the viii of july the same year, and emprynted the xiiii of july next following.

tenir Roys et Princes ou fait de leurs guerres et batailles, selon l'ordre des livres ditz et exemples des preux conquérens du monde, et quelz et comfais chevetaines y doivent estre esleus; et les manières que leur affièrent à tenir en leurs offices d'armes.

« La seconde partie parle d'armes, selon Frontin, des cautelles d'armes qué il appelle stratagèmes, de l'ordre et manière de combatre et deffendre chasteaulx et villes, selon Végèce et autres aucteurs, et de donner bataille en fleuves et en mer.

« La troisième partie parle de droit d'armes, selon les loix et droit escript.

« La quatrième parle de droit d'armes en fait de saufconduit, de trèves de marque, et puis de champ de bataille. »

Christine s'excuse d'abord d'avoir osé *emprendre à parler de sy haulte matière*; mais elle est loin, ce nous semble, d'être restée au dessous de son sujet. Ce qu'elle a fait pour accroître l'honneur et les vertus de son sexe dans le *Trésor de la Cité des Dames*, et dans le *Livre de la Paix* pour ramener la politique vers des notions de justice et de sagesse, elle le fait encore dans ce livre de chevalerie pour l'instruction des hommes d'armes du moyen âge. C'est à la fois un manuel d'éducation, un livre de statégie et un code du droit des gens qu'elle écrit pour la société féodale. Voilà pourtant un ouvrage qu'on n'a pas même mentionné dans l'histoire de nos mœurs chevaleresques. Il est encore inédit, et attend que le gouvernement pourvoie à sa publication.

———

Le n° 7409 contient un autre ouvrage de Christine non moins précieux que celui que nous venons d'indiquer ; c'est « le *Corps de Policie*, lequel parle de vertus et de mœurs et est divisé en trois parties : la première s'adresse aux princes ; la seconde, aux chevaliers et nobles ; et la tierce, à l'université de tout le peuple », dont l'auteur dit :

« En la communité du peuple sont compris trois estas, c'est assavoir : par espécial en la cité de Paris et aussi en autres cités, 1° le clergié, 2° les bourgeois et les marchans, 3° et puis le commun, si comme gens de mestiers et laboureurs. »

Ce chapitre est surtout remarquable pour la valeur que l'on attachait alors aux gens de lettres ; c'est un des documens qui nous ont fait placer les lettres à la tête de ce qu'on pouvait appeler la classe moyenne de l'époque.

Christine termine ainsi son livre :

« Si suis venue, Dieu soit louez, au terme que je tendoie : c'estoit que je treisse à fin ce présent livre, lequel commençay au chief du corps que Plutarque descript, c'est assavoir de la pollicie qui s'entent par les princes auxquels requiers humblement, premièrement le chief de tous c'est le Roy de France, et après les princes et

tous ceulx de leur noble sang, que le diligent labour
d'escripture de l'umble leur créature Christine, tant en
ce présent fait comme les aultres œuvres telles que elles
sont ou paurront estre, veullent avoir agréable. »

Christine confirme donc elle-même ce que nous avons
déjà fait observer, savoir : qu'elle dédiait la plupart de
ses œuvres aux princes de la famille royale. Ceux-ci, de
leur côté, la récompensèrent quelquefois assez généreusement, eurent compassion de ses malheurs, et en échange
de ses écrits contribuèrent à réparer les pertes de sa fortune. C'est ce qui résulte de trois extraits des registres
de la Chambre des comptes, relatifs à Christine, et dont
les deux premiers, encore inédits, se trouvent manuscrits
sur le Catalogue des imprimés de la Bibliothèque royale.

« 1405. A démoiselle Christine de Pisan, veuve d'Estienne de Castel, cent escus en récompense de deux
livres présentez par elle à monseigneur le duc de Bourgogne, dont l'un fut commandé par feu monseigneur le
duc de Bourgogne, et l'autre, monseigneur l'a voulu;
lesquels livres et autres de ses écrits et dittiez mondit
seigneur a très agréables, et aussy pour compassion et
en aumôsnes pour employer en mariage d'une sienne
povre niéce qu'elle a mariée. — Par mandement dudit
seigneur duc, à Paris, le 20 février 1405. Cent escus.
(Vol. XXV, f° 115.)

« 1407. A damoiselle Christine Pisan, en récompense
de plusieurs livres en parchemin contenant plusieurs

notables enseignemens par elle présentez à monseigneur le duc de Bourgogne. 1407. 50 frans. (*Idem*, f° 118.)

« 1411. A demoiselle Christine de Pisan, veufve de feu maistre Estienne du Castel, jadis clerc, notaire et secrétaire du Roy, pour considération des bons et agréables services que feu maistre Thomas de Boulogne, en son vivant conseiller et astrologien du feu Roy *Charles*, que Dieu pardoint, et dudit seigneur, et aussi père d'elle, avoit faits, et pour certaines autres causes et considérations, deux cens livres par lettres du Roy du 13 may 1411. Extrait du quatriesme et dernier compte d'*Alexandre le Boursier*, receveur-général des aydes pour le fait de la guerre. » (Voyez l'*Histoire de Charles IV* de Juvénal des Ursins, annotation de Godefroi, p. 791).

Telles furent les modestes récompenses, accordées à Christine de Pisan par des princes aussi capables de comprendre son mérite littéraire, que peu dignes d'apprécier la générosité de son dévouement politique.

———

Là se bornera la notice de ses œuvres principales, de celles du moins que nous possédons encore en manuscrit; car « des *quinze ouvrages* qu'elle avait composés de 1399 à 1405, *sans compter*, dit-elle, *les autres particuliers petits dictiez, les quels tous ensemble contenoient soixante-dix cahiers de grant volume* », il est très probable que plusieurs se sont perdus, entre autres le *Roman de Placides*

9

*et Times* que le catalogue de la bibliothèque de Charles V indique sous le nom de Christine de Pisan[1]. Dans l'impossibilité où nous avons été de le retrouver, nous donnerons quelques nouveaux détails pour servir à la biographie de notre écrivain, et mettre les érudits sur la voie de nouvelles découvertes.

Le catalogue de Haenel signale, parmi les manuscrits de Bruxelles, un recueil de sept traités dédiés au duc de Bourgogne, Philippe-le-Bon, par Christine de Pisan, (ms. coté n° 15, vélin, in-f°, col. 766 du catal.), savoir : « *Le Chemin de longue étude; les Epistres sur le Roman de la Rose; la Cité des Dames; Moralité que donne Othéa, la déesse de Prudence; Othéa la déesse* (il importerait de savoir ce qui distingue ce dernier ouvrage du précédent; l'un des deux manque aux manuscrits de Paris); *Cent ballades; le Débat des deux Amans.* »

La dédicace de ce recueil, faite à Philippe-le-Bon, est ici le fait important, s'il est exact; car depuis le meurtre du duc d'Orléans par Jean-sans-Peur, en 1407, Christine avait interrompu tous ses rapports avec les ducs de Bourgogne. C'est une conformité de plus qu'elle eut avec Gerson. Comme lui, elle s'abstint de parler du prince dont elle réprouvait la conduite personnelle, mais qui par lui-même ou par sa famille lui avait fait du bien. Il importe donc de savoir quand et comment

[1] V. le n° 165 de la Biblioth. de Charles V, publiée par M. Van-Praët.

Christine se trouva de nouveau mise en rapport avec la maison de Bourgogne et le fils de Jean-sans-Peur ; c'est une des circonstances les plus curieuses pour l'étude de son caractère. La distance où nous sommes du manuscrit de Bruxelles a seule pu nous condamner à passer ces questions sous silence ; mais nous y reviendrons dans une publication prochaine.

En terminant cette notice littéraire sur Christine de Pisan, n'oublions pas que l'à-propos de ses ouvrages, et en particulier de ses poésies légères, leur donna une valeur qui n'existe plus pour notre époque, et qu'il s'agit pourtant de comprendre et de restituer, si nous voulons être juste à l'égard de leur auteur. Cet à-propos, qui constitue le caractère historique de ses écrits, les rend souvent aussi précieux pour nos annales politiques que pour nos annales littéraires. Telle est la complainte sur la mort du premier duc de Bourgogne, où Christine exprime ses douloureuses prévisions qui ne devaient que trop tôt se réaliser. Cette pièce nous servira de transition à ses documens politiques, dont la publication est le dernier objet de ce travail :

Plourez, Françoys, tout d'un commun vouloir ;
Grans et petis, plourez ceste grant perte !
Plourez, bon Roy, bien vous devez douloir ;
Plourer devez vostre grevance apperte !
Plourez la mort de cil qui, par desserte,
Amer deviez et par droit de lignaige,
Vostre loyal noble oncle, le très saige,

Des Bourguignons prince et duc excellent;
Car je vous dy qu'en mainte grant besongne
Encor direz trestuit à cuer dollent :
« Affaire eussions du bon duc de Bourgongne. »

Plourez, Berry, et plourez tuit sy hoir ;
Car cause avez, mort la vous a ouverte !
Duc d'Orléans, moult vous en doit chaloir ;
Car par son scens mainte faulte ert couverte !
Duc des Bretons, plourez ; car je suis certe
Qu'affaire arez de luy en vo jeune aage !
Plourez, Flamens, son noble seignourage ;
Tout noble sanc, allez vous adoullant !
Plourez, ses gens ; car joye vous eslonghe,
Dont vous direz souvent en vous doullant :
« Affaire eussions du bon duc de Bourgongne. »

Plourez, Royne, et ayez le cuer noir
Pour cil par qui feustes ou trosne offerte !
Plourez, dames, sans en joye manoir !
France, plourez ; d'un pillier es déserte,
Dont tu reçoys eschec à descouverte !
Gar toy du mat, quant mort par son oultrage
Tel chevalier t'a toulu, c'est dommaige !
Plourez, pueple commun, sans estre lent ;
Car moult perdez, et chascun le tesmoingne,
Dont vous direz souvent mate et relent :
« Affaire eussions du bon duc de Bourgongne. »

# PIÈCES INÉDITES

DE

# CHRISTINE DE PISAN.

———◆———

## LETTRE

### A ISABELLE DE BAVIÈRE, REINE DE FRANCE [1].

#### (5 octobre 1405).

A TRÈS EXCELLENT, REDOUBTÉE ET PUISSANT PRINCESSE, MA DAME YSABEL, ROYNE DE FRANCE.

Très haulte, puissant et très redoubtée Dame, vostre excellent dignité ne veuille avoir en desdaing ne despris la voix plourable de moy, sa povre serve. Ainz daingne encliner à notter les parolles dittes par affeccion désireuse de toute bonne adresce, non obstant que sembler vous pourroit qu'à si povre, ignorant et indigne personne n'ap-

[1] Ms. de la Bibliothèque royale, n° 7073-2, f° 53.

partiengne se chargier de si grans choses. Mais comme ce soit commun ordre que toute personne souffrant aucun mal naturellement affine au remède, si comme nous veons les malades pourchacier garrison et les familleux courir à la viande; et ainsi toute chose à son remède.

Très redoubtée Dame, ne vous soit doncques merveille se à vous, qui, au dit et oppinion de tous, povez estre la médecine et souverain remède de la garison de ce royaume à présent playé et navré piteusement, et en peril de piz, ore se trait et tourne, non mie vous supplier pour terre estrange, mais pour vostre propre lieu et naturel héritaige à voz très nobles enfans. Très haute Dame et ma très redoubtée, non obstant que vostre sens soit tout adverti et advisié de ce qu'il appartient, touteffoiz est-il vray que vous, séant en vostre trosne royal couronné de honneurs, ne povez savoir, fors par autruy rappors, les communes besoingnes, tant en parolles comme en faiz, qui queurent entre les subjiez.

Pour ce, haulte Dame, ne vous soit grief oïr les ramentevances en piteux regrais des adoulez supplians Françoys, à présent reampliz d'affliccion et tretresse, qui à humble voix plaine de plours crient à vous, leur souveraine et redoubtée Dame, priant, pour Dieu mercy, que humble pitié vueille monstrer à vostre begnin cuer leur désolacion et misère; par cy que prouchaine paix entre ces .ii. haulz princes germains de sanc et naturelment amis, mais à présent par estrange fortune meuz à aucune contencion, ensemble veuilliez procurer et empétrer.

Et chose est assez humaine et commune mesmement,

souventefoiz vient entre père et fils aucun descort. Mais dyabolique est et seroit la persévérance en laquelle povez notter par espécial deux grans et horribles maulx et dommages. L'un que il convendroit en brief temps que le royame en feust destruit, si, comme dit Notre Seigneur en l'Euvangile, *le royame en soy divisié sera désolé.* L'autre que hayne perpétuelle soit née et nourrie d'orez en avant entre les hoirs et enfans du noble sang de France : lesquels seulent estre un propre corps et pillier à la deffense de cestui dit royame, pour la quelle cause d'ancien nom est appellée fort et puissant.

Très excellent et redoubtée Dame, encores vous plaise notter et réduire à mémoire trois très grans biens et prouffiz qui par ceste paix procurer vous ensuivroient. Le premier appartient à l'âme, à la quelle très souverain mérite acquerriez, de ce que par vous seroit eschevée si grant et si honteuse effusion de sang ou très chrestien et de Dieu establi royaume de France, et la confusion qui en ensuivroit, se tel horreur avoit durée. Item le n° bien, que vous seriez pourchaceresse de paix et cause de la restitucion du bien de vostre noble porteure et de leurs loyaulx subgiez. Le tiers bien, qui ne fait à desprisier, c'est qu'en perpétuelle mémoire de vous, ramenteue, recommandée et louée ès croniques et nobles gestes de France, doublement couronnée de honneur seriez, avec l'amour, graces présens et humbles grans merciz de voz loyaulz subgiez.

Et ma redoubtée Dame, à regarder aux raisons de vostre droit, posons qu'il soit ou feust ainsi que la dignité de vostre haultesse se tenist de l'une des partiez avoir aucunement blécée, par quoy vostre hault cuer feust mains évolu que par ceste paix feust traictiée. O très noble Dame, quel grant scens c'est aucunefoiz, mesmes entre les plus grans, laissier aler partie de son droit pour eschiver plus grant inconvénient ou attaindre à très grant bien et utilité! Et, très puissant Dame, les histoires de vos devanciers qui deuement se gouvernèrent, ne vous doivent estre exemple de bien vivre, si comme il advint jadis à Romme d'une très puissant princesse [1] de laquelle le filz par les barons de la cité avoit esté à grant tort et sans cause bannis et chaciez; dont après, pour celle injure vengier, comme il eust assemblé si grant ost que souffisant estoit pour tout destruire, la vaillant Dame, non obstant le villenie faite, ne vint-elle au devant de son filz, et tant fist qu'elle appaisa son yre et le pacifia aux Rommains.

Hélas! honnourée Dame, doncques quant il avendra que pitié, charité, clémence et bénignité ne sera trouvée en haute princesse, où sera-elle doncques quise? Car, comme naturelment en femenines condicions soient les dictes vertus, plus par rayson doivent habonder et estre en noble dame, de tant comme elle reçoit plus de dons de Dieu. Et encores à ce propos qu'il appartient à haute princesse et dame estre moyennerresse de traictié de paix, il appert par les vaillans dames louées ès Saintes Escriptures : si comme la vaillant saige royne Hester, qui par son sens et bénignité appaisa l'yre du roy Assuaire, tant que révocquer fist la sentence donnée contre le pueple condampné à

[1] La mère de Coriolan.

mort. Aussi Bersabée n'appaisa-elle mainteffoiz l'yre David?
Aussi une vaillant royne[1] qui consseilla à son mari que puist
qu'il ne povoit avoir par force ses ennemis, que il feist si
comme font les bons médecins : lesquelx quant ils voyent
que médecines amères ne prouffictent à leurs paciens, ils
leur donnent des doulces. Et par celle voyé le fist la saige
royne réconcilier à ses adversaires.

Semblablement se pourroient dire infiniz exemples
que je laisse pour briefté des saiges roynes louées, et par
le contraire des perverses, crueuses et ennemies de nature
humaine : si comme la faulse royne Jezabel et autres semblables, qui pour leurs démérites sont encores et perpétuellement seront diffamées, maudites et dampnées. Mais des
bonnes, encore à nostre propos sanz plus loing quérir, la
très saige et bonne royne de France, Blanche, mère de saint
Louys. Quant les barons estoient en descort pour cause
de régenter le royame, ne prenoit-elle son filz mendre
d'aage entre ses bras; et entre les barons le tenoit disant :
« Ne voyez-vous vostre Roy? Ne faites chose dont, quant
Dieu l'ara conduit en aage de discrétion, il se doiye d'aucun de vous tenir pour mal content. » Et ainsi par son
sens les appaisoit.

Très haute Dame, mais que mon langaige ne vous
tourne à ennuy; encores vous dis-je que, tout ainsi
comme la royne du ciel, mère de Dieu, est appellée mère
de toute chrétienté, doit estre dicte et appellée toute saige
et bonne royne, mère et conffortarresse, et advocate de ses

[1] Livie, dans la conspiration de Cinna.

subjiez et de son pueple. Hélas! doncques qui seroit si
dure mère qui peust souffrir, se elle n'avoit le cuer de
pierre, veoir ses enfans entre-occire, et espendre le sang
l'un à l'autre, et leurs povres membres destruire et disperser; et puist, qu'il venist par de costé estranges au-
nemis, qui du tout les persécutassent et saisissent leurs
héritaiges!

Et ainsi, très haute Dame, povez estre certaine convendroit qu'avenist enfin de ceste persécution, se la chose
aloit plus avant, que Dieux ne vueille! Car n'est mie
doubte que les ennemis du royame, resjouiz de ceste
aventure, vendroient par de costé à grant armée pour tout
parhonnir. Ha, Dieu! quel douleur à si noble royaume
perdre et périr tel chevalerie! hélas! et qu'il convenist que
le povre pueple comparast le péchié dont il est innocent!
Et que les povres petits alaittans et enfans criassent
après les lasses mères veufves et adolues, mourans de
faim; et elles, desnuées de leurs biens, n'eussent de quoy
les appaisier : lesquelles voix, comme racontent en plusieurs lieux les Escriptures, percent les cieulz par pitié
devant Dieu juste et attrayent vengence sur ceulx qui en
sont cause.

Et encores avec ce, quel honte à ce royaume qu'il
convenist que les pouvres, désers de leurs biens, alassent
mendier par famine en estranges contrées en racomptant
comment ceulz qui garder les devoient les eussent des-
truits! Dieux! comment seroit jamais si lait diffamé, non
accoustumé en ce noble royaume repparé ne remis! Et
certes, noble Dame, nous véons à présent les apprestes de

ces mortelz inconvéniens, qui jà sont si avanciez que très
maintenant en y a de destruitz et désers de leurs biens, et
détruit-on tous les jours de piz en piz, tant que qui est
crestien en doit avoir pitié. Et oultre ce, seroit encore à
notter à cellui prince ou princesse qui le cuer aroit tant
obstiné en péchié, qu'il n'accompteroit nûlle chose à Dieu
ne à si fortes douleurs, s'il n'estoit du tout fol ou folle, les
très variables tours de fortune, qui, en un tout seul moment, se puet changier et muer.

Dieux ! à quans coups eust pensé la royne Olimpias,
mère du grant Alexandre, ou temps qu'elle veoit tout le
monde soulz ses piez, à elle subgiet et obéissant, que fortune eust puissance de la conduire ou point ou quel piteusement fina ses jours à grant honte ! Et semblablement d'as-
sés d'autres pourroit-on dire. Mais qu'en advient-il, quant
fortune a ainsi acqueilly aucun puissant? Se si saigement
n'a tant fait, le temps passé, par le moyen d'amours, de
pitié et charité qu'il ait acquiz Dieu premièrement et
bien vueillans au monde, toute sa vie et ses faiz sont racon-
tez en publique et tournez en repprouche. Et tout ainsi
comme à un chien qui est chacié tous lui queurent sus, et
est celli de tous deffoulez, en criant sus lui qu'il est
bien employez.

Très excellant et ma très redoubtée Dame, infinies raisons
vous pourroient estre reccordées des causes qui vous doivent mouvoir à pitié et à traictié de paix : les quelles vostre
bon scens n'ignore mie. Si fineray à tant mon espistre, sup-
pliant vostre digne majesté qu'elle l'ait agréable et soit favourable à la plourable requeste par moy escripte de vos

povres sujiez, loyaulz Françoys. Et tout ainsi comme c'est
plus grant charité de donner au povre une pièce de pain
en temps de chierté et de famine, que ung tout entier en
temps de fertilité et d'abondance, à vostre povre pueple
vueillez donner en temps de tribulacion une piécete de la
parolle et du labour de vostre hautesse et puissance : la
quelle, comme ilz tiennent, sera, s'il vous plaist, assez souffisant pour les rassadier et garir du désir familleux qu'ilz
ont de paix. Et ils prieront Dieu pour vous : pour lequel
bien accomplir et mains autres, Dieu par sa grâce vous
vueille concéder et ottroier bonne vie et longue, et à la fin,
gloire pardurable. Escript le vᵉ jour d'octombre, l'an de
grâce mil .iiii. c. et cinq.

> Vostre très humble obéissant créature,
> CHRISTINE DE PIZAN.

> Prenez en gré, s'il vous plaist, cest escript
> De ma main fait après mie nuit une heure,
> Noble seigneur, pour qui je l'ay escript,
> 　　　　Prenez en gré.
> Quant vous plaira mieulz vous sera rescript;
> Mais n'avoye nul autre clerc à l'eure.
> 　　　　Prenez en gré, s'il v... ¹.

> ¹ Le Ms. de la Bibliothèque royale nᵒ 7088, qui nous a permis de rectifier
quelques erreurs, contient la même lettre, mais sans le rondeau qui lui sert
de post-scriptum, et sans la miniature mise en tête de notre texte dans le
Ms. nᵒ 7073-2, où l'on voit pour légende: *Mort ou mercy*. C'est un cri de
désespoir dans la bouche de Christine, comme son post-scriptum est la prière
la plus touchante que son patriotisme pût adresser au duc d'Orléans :

# LAMENTATION

## SUR LES MAUX DE LA GUERRE CIVILE.

(23 août 1410.)

> Qui a point de pitié la mette en œuvre.
> Véez-cy le temps qui le requiert.

Seulette à part, et estraignant à grant paine les lermes qui ma veue troublent et comme fontaine affluent sur mon visage, tant que avoir puisse espace de escripre ceste lasse complainte, dont la pitié de l'éminent meschief me fait d'amères goutes effacier l'escripture, je m'esbahiz et en complaignant dis :

O ! comment puet ce estre que cuer humain, tant soit la fortune estrange, si puist ramener homme à nature de très dévorable et cruéle beste ? Où est doncques la raison qui li donne le non de animal raisonnable ? Comment est-il en la puissance de fortune de tèlement

___

1 Ms. de la Bibliothèque royale, nᵒ 623 Saint-Victor, fᵒ 13.

transmuer homme, que convertiz soit en serpent ennemi de nature humaine? O las! véez-cy de quoy, nobles princes françois. Et ne vous desplaise, où est à présent le doulz sang naturel d'entre vous, lequel dès onques seult estre le droit comble de la bénignité du monde? De quoy très les temps anciens sont raemplies toutes autentiques histo:res, et de qui *Fama* seult corner ses chançons par tout l'universel monde. Que sont devenuz les clers yeulx du noble entendement, qui, par nature et longue coustume, vous faisoient ouvrer par conseil de preudes hommes de juste conscience? Sont-ilz or aveuglez, comme il semble, vos pères de la congrégacion françoise, soubz les quelz ayolz seullent estre gardez, deffenduz et nourriz les multitudes des enfans de la terre jadiz beneurée, ore convertie en désolacion, se pitié n'y labeure? Que vous ont mesfait ceulz qui comme Dieu vous aourent, et qui en toutes terres pour honneur de vous se renomment? les quelx semble que à présent vueilliez traittier, non pas comme filz, maiz ennemis mortelz, par ce que les discors d'entre vous leur pourchassent, c'est assavoir : grief, guerre et bataille.

Pour Dieu! pour Dieu! princes très haulx, onyrez les yeulx par tel savoir, que jà vous semble véoir comme chose advenue, ce que les apprestes de voz armes prises pourront conclurre : sy y apperdevrez ruynes de citez, destruccions de villes et chasteaulx, forteresses ruées par terre. Et en quel part? où droit nombril de France! La noble chevalerie et jouvente françoise toute d'une na-ure, qui, comme un droit ame et corps, seult estre à la deffense de la couronne, et la chose publique, ore assemblée en honteuse bataille l'un contre l'autre, père contre filz, frère contre frère, parens contre autres, à glaives mortelz, couvrans de sang, de corps mors et de membres les très doulereux champs. O! la très dehonnorée victoire à qui que elle remaigne! quel gloire li donra renommée? Sera-elle donc de lorier couronnée? Hé! lasse my, maiz devra estre de très noires espines honteusement bendée, soy voiant non pas vainquerresse, mais homicide de son mesmes sang, dont noirs habiz porter lui appartient comme à mort de parent.

O tu, chevalier, qui viens de tèle bataille, dy-moy, je t'en prie, quel honneur tu emportes? Diront donc tes gestes pour toy plus honnorer, que tu feuz à la journée du costé vainqueur? Mais cestui péril, quoy que en eschappes, soit mis en mescompte de tes autres beaux faiz! Car à journée reprouchée n'appartient louenge. Hé! que pleust aux hommes, car à Dieu bien plairoit, que nul de soy armer n'eust courage ne d'un costé ne d'autre! Et que en ensuira après, en non Dieu? Famine pour la cause du dicipement et gast des biens qui y sera fait, et la faulte de cultiver les terres; de quoy sourdront rébellions de peuples par estre des gens d'armes estrangiez et privez trop oppressez, mengiez et pilliez de çà et de là; subversion ès citez par oultrageuse charge, où, par nécessitez de finances avoir, convendra imposer les cytoiers et habitans; et en surquetout les Angloiz par de costé qui parferont l'eschec et mat, se fortune y consent; et encore reste les discencions et mortèles haynes dont traysons sourdront, qui en infiniz cuers à ceste cause seront enracinées.

Est-il ainsi délibéré? certes oyl! Plourez doncques, plourez, batant les paulmes à grans criz, si que fist en cas pareil jadiz la dolente Argine avec les dames d'Arges, dames, damoiselles et femmes du royaume de France! Car jà sont aguisiez les glaives qui vous rendront veufves et desnuées d'enfans et de parens. O! dames de la cité de Sabine, besoing eussions de vous en ceste besoigne; car n'estoit pas greigneur le péril et contens jadiz entre voz parens, quant par grant prudence vous entremeistes de y mettre paix, lorsque vous fichastes eschevellées, vos petitz enfans entre braz, ou champ de la bataille, par grans tourbes crians : « Ayez merci de nos chiers amis et parens! si faites paix! »

Hé! Royne couronnée de France, dors-tu adès? Et qui te tient que tantost celle part n'affinz tenir la bride, et arrester ceste mortel emprise? Ne vois-tu en balance l'éritage de tes nobles enfans? Tu, mère des nobles hoirs de France, redoubtée princesse, qui y puet que toy ne qui sera-ce, qui à ta seigneurie et auctorité désobéira, se à droit te veulx de la paix entremettre? Venez, venez, vous touz saiges de ce royaume, avec vostre Royne. De quoy servez-vous, neiz conseil du Roy; et tous chacun la main y mette. Jà vous souliez vous entremettre neiz des petites choses.—De quoy se loera France de tant de sages testes, se ores ne treuvent voie pour sa garantise, fontaine de clergie garder à eschever d'estre périe? Où sont adès voz entreprises et voz saiges raisons? Hée! clergie de France, lairas-tu ainsi à fortune courir son influence? Pourquoi ne faiz processions par dévotes prières?

Ne vois-tu le besoing ? Car jà semble comme Nynyve que Dieu l'ait à périr condampnée, et que son yre par les griefz péchiez qui y habondent l'ait acueillie, dont la chose est en grant doubte, se la sentence n'est révoquée par intercession de dévote oroison.

Assurez donques, peuples ! Dévotes femelettes, criez miséricorde pour ceste grief tempeste. Ha ! France ! France, jadiz glorieux royaume ! Hélas ! comment diray-je plus ? Car très amers plours et lermes incessables déchiéent comme ruisseaux sur mon papier, si qu'il n'y a place seiche où puisse continuer l'escripture de la complainte très douloureuse, que l'abondance de mon cuer par grant pitié de toy veult getter hors. Si que assez sont occuppées les lasses mains laissent souvent la penne de quoy je escripz, pour rendre la veue à mes yeulx troublez en touchant les lermes dont l'abondance me moille piz et giron, quand je pense ce que diront de toy désoremaiz les renommées. Car ne seras-tu pas acomparée de cy en avant aus estranges nacions, là où les frères germains, cousins et parens par faulse envie et convoitise s'entre-ocient comme chiens ? Ne diront-ilz en reprouchant : « Alez, alez, vous François, qui vous vantiez du doulz sang de voz princes, non tyrans, et nous escharnissiez de nos usaiges de guelfes et guibelins. Or sont-ils nez en vostre terre. La semence y est germée, que jà n'y fauldra ; les pais y sont venuz. Or abaissiez voz cornes, car vostre gloire est deffaillie.

Hémi ! lasse, très doulce France ! C'est-il donques avisé qu'en tel péril soies ? certes oyl. Mais encores y a il remède. Dieu est miséricors. Tout n'est pas mort, quant que gist en péril. —

O! duc de Berry, noble prince, excellent souche et estoc des enfans royaulx, filz de roy de France, frère et oncle, père d'antiquité de la fleur de liz toute! Comment est-il possible que ton très bénigne cuer puist souffrir te veoir, à journée précise, en assemblée de bataille mortèle à doulereuses armes contre tes népveux? Je ne croy pas que la souvenance de la très grant amour naturèle de leurs pères et mères, tes très amez frères et seurs trespassez, souffrist à nature que lermes et pleurs ne décourussent comme fontaine tout au long de ta face, et que ton noble cuer ne feust de pitié si comme touz fonduz qu'à paines te soustendroies. Hélas! quelle douleur à veoir le plus noble oncle qui aujourd'ui vive, comme de trois roys, de six ducs et de tant de contes, en assemblée mortèle contre sa propre chair, et les nepveux qui tant doivent de révérence à si noble oncle, si comme à père, contre lui en bataille! O noble sang de France non reprouchié! Comment pourrois-tu, très noble nature, endurer, jà la journée ne puist venir! que tèle honte advieigne, que ceulx qui estre seullent pilliers de foy, sousteneurs de l'église, par quel vertu, force et savoir est toujours soustenue et pacifiée, et qui entre toutes nacions sont nommez les très chrétiens acroisseurs de paix, amis de concorde, vieignent adès à tel inconvénient?

Or viens doncques, viens, noble duc de Berry, prince de haulte excellence, et suy la loy divine qui commande paix. Saisy la bride par grant force et arreste ceste non

honorable armée, au mains jusques à ce que aus pár-
ties ayes parlé. Si t'en viens à Paris, en la cité ton père,
où tu nasquis, qui à toy crie en lermes, soupirs et
pleurs et te demande et requiert. Vien tost reconforter la
cité adolée, et te avance avec la langue de correccion
vers tes enfans, se tu les vois mesprendre, si comme bon
père, et les pacifie en les reprenant, si que tu doiz et bien
t'appartient : leur enseignant raisons d'une partie et d'autre
comment, quel que soit leur descord, eulx, qui doivent estre
pilliers, deffense et sousteneurs de la noble couronne, et
targes du royaume qui onques ne leur meffist ne ne doit
comparer ce que ilz s'entre-demandent, ne le vueillent
destruire.

Et pour Dieu ! pour Dieu ! noble duc, vueillez tost
advertir, que quoy que par divers langages soit à présent devisé en chacune partie, espérant de la victoire
pour soy de la bataille, en disant : Nous vaincrons et ainsi
ouvrerons, que trop est fole la vantise ! Car ne doit estre
ignorée comme estrange, et non cogneue est la fortune de
toute bataille. Car quoy que de homme soit proposé, fortune
y dispose. Et que valut jadis au roy de Thèbes soy partir
vainqueur de la bataille, lui m^e sans plus de chevaliers et
touz les siens mors laissiez ou champ, gisans avec la multitude de ses ennemis désimé par glaives de ses parens et
princes ? Diex ! quel victoire trop fu douleureuse ! Le roy
d'Athènes navré à mort en bataille, que lui valu sa victoire ?
ne que prouffite en tel cas multitude de gens ? Ne fu Xercès
desconfit, qui tant en avoit que vaulx et mons touz couvers
en estoient ? Bon droit et juste querelle vault-elle donques ?

S'ainsi estoit, le roy saint Loys, qui tant avoit eu de belles victoires, n'eust pas devant Thunes esté desconfit par les mescréans. Quel plus bel exemple est cognoistre que par merveilleuse disposicion Dieu laisse encourir tout fait de bataille, de la quelle le mal est certain, et le bien qui avenir en puet gist en grant doubtance. Et en surquetout, quoy qu'en touz cas soit guerre et bataille très périlleuse et forte à eschever, n'est pas doubte qu'entre si prochains parens, comme nature a conjoins si comme en un mesmes lien d'amour, est très perverse, non honorable et très excommeniée ne à bonne fin venir ne puet! Hélas! et s'il est ainsi ce que sy, que pour assez de causes et de querelles soient souvent meues guerres et batailles, par plus fort et meilleur raison en est trop plus par quoy doivent estre fuyes et eschevées, et paix quise.

Or vainque donques la vertu le vice! Si soit doncques voie trouvée de ramener à paix les amis par nature, ennemis par accident. Hélas! qu'à Dieu pleust que la paine et mise, que à présent on desploie, feust ainsi employée à quérir paix comme elle est le contraire! je crois que à mains de coustz on y vendroit; et que de commun vouloir et vraie union ceste armée feust convertie sur ceulx qui nous sont naturels ennemis, si que celle part s'employassent les bons féaulx François, non pas eulx entre-occire. Diex! quel joie seroit-ce! et quelle très haulte honneur à tousjours au royaume!

Ha! très honnoré prince, noble duc de Berry, à ce vueilliez entendre; car il n'est tant grant chose que cuer humain vueille entreprendre par espécial faicte en juste entencion, à quoy il ne puist attaindre. Et se, tu, en ce te travailles à toujours maiz, seras clamé père du règne, conserveur de la couronne et du très noble liz, custode du hault lignage, réserveur de l'occision des nobles, confort du peuple, garde des nobles dames, des veufves et orphelins. A la quelle chose le benoit Saint-Esprit, acteur de toute paix, te doint cuer et courage de tost le mettre à fin; Amen.

Et à moy, povre voix criant en ce royaume, désireuse de paix et du bien de vous touz, vostre servante, Christine, meue en très juste entente, doint veoir la journée. Amen.

Escript le XXIII^e jour d'aoust, l'an de grâce mil CCCC et dix.

EXPLICIT.

# LE LIVRE DE LA PAIX[1].

## LOUENGE ET BÉNÉYÇON

### A MONSEIGNEUR DE GUIENNE,

#### PAR QUI MOIEN ET PROMOCION FUT LADITE PAIX.

*Fiat pax in virtute tuâ.*

Gloire, honneur, révérence avec toute obéissance soit prémise à toy, très excellent et très redoubté prince, Loys, aisné filz du Roy, attendant la couronne par grace de Dieu, duc de Guyenne et dauphin du Viennoys.....................
.................................................................................

Très excellent seigneur, la très grant joie qui à présent en mon cueur habonde à cause de là nouvelle paix, par

---

[1] Ms. de la Bibliothèque royale, n° 7398-22.

mistère divin de toy venue et née, ne souffreroit que je me
ténisse de prendre la plume pour escripre en nouvel volume choses glorieuses en ta louenge. Car non pas seulement moy, femme simple et innocent, en qui n'a science
ne autre savoir, ne mais stille vulgar et rural en fait d'escripture; mais touz haux entendemens rempliz de clergie,
orateurs saiges, stillez en réthorique, droit et raison, oblige
de chanter de toy en vers et en prose, si que à tousjours
en demeure mémoire. Car n'es-tu pas celuy qui, par la
Dieu graces, en si jeune aage comme de .xv. ans, par divine
inspiracion sans autre moien, malgré l'ennemy d'enfer,
aversaire du bien de paix, qui par divers contrediz l'a cuidié
empescher; mais tu constamment et perséveramment, non
pas comme l'enfant fléchissable et légier, mais comme
homme meur, très sage, et pesant en œuvre et en fait, as
mise la paix entre ceulx de ton sang, pour la quelle guerre
jà de longue main le règne périssoit; et eulx, dispers par
horrible haine qui de toutes pars gectoit feu et flamme, as
rassemblez, rejoins, raünis, paciffiez, ensemble accordez,
apaisez, mis en nouvelle amour; par loyaux joinctures, dignes et loysibles, sans blasme de nulluy, ont foy juré ensemble en ta haulte présence.

O erfant! de bonne heure né, tu soies bénéys en ciel et
en terre perpétuellement, dont t'est venu tel sens de si
grant œuvre faire que chacun réputoit comme chose impossible. Mais ne vint pas de toy sans faille le mouvement,
ains de celuy sans la quelle custode pour néant est veillé
en la garde de la cité. Lorsque la veille de saint Jehan-
Baptiste, en ce présent an, mil .iiii.c. et xii., si que j'ay esté

bien infourmée par ceulx qui l'oijrent, gens digne de foy, que tu, oyant la messe, sur le pas de l'euvangile où il dit de saint Jehan : *Et multi in vanitate ejus gaudebunt, etc.*, tournas à joyeux visaige comme tout fondamment meu, en disant à ton confesseur : « O ! pleust à Dieu que à ceste glorieuse journée nous peussions mectre ensemble par bonne paix et joye ses deux Jehans. » C'estoit à entendre Jehan, duc de Berri, d'une part, et Jehan, duc de Bourgoigne, de l'autre. « Mais, ce dis-tu, alfin que bon traictié d'ores en avant y puissions entreprendre, moienner et bien finer à l'aide de Dieu, est bon que une belle messe à solempnité soit demain dicte en la chapelle de saint Jehan qui est cy près, ou quel lieu les .II. susdits ont grant dévocion. »

O ! noble prince, n'est pas sans miracle ceste chose advenue, veu les contrediz et grans répunances : c'est assavoir, toy estant en l'ost devant la cité de Bourges avec le Roy ton père, à grant assemblée, ou quel lieu n'estoit parlé de paix, ne mais par dérision, que tu adonc de tel chose fusses inspiré. La quelle besoingne depuis la dicte heure, quelz qu'aient esté les contrediz non mie petitz, as tenu ton propos, en y ouvrant constamment jusques à fin de paix. Mais, néanmoins que de Dieu soit tout venu, t'en appartient louenge en tant qu'il t'a fait digne de recevoir de luy si grant bénéfice ; dont graces à touzjours mais, par vertueux office, es tenu de luy rendre. Et doncques tu, vassal de Dieu, de luy permis, n'es-tu pas le restoreur, le répareur, le conforteur de toute France, qui as mue guerre en paix, ducil en joie, mort en vie, hayne en amour, effusion de sang en convalescence, cherté en habondance, et tout mal en bien?

---

Cy commence la table des rubriches du *Livre de Paix*, lequel s'adrèce à très noble et excellent prince monseigneur le duc de Guienne, aisné filz du roy de France, encommencié le premier jour de septembre, après l'appoinctement de la paix jurée en la cité d'Aucerre entre noz seigneurs de France, en l'an de grace mil IIII. c. et douze.

Ledit livre est parti en troys parties : la première partie parle à l'ennortement de continuacion de paix à mon dit seigneur de Guienne, sur la vertu de prudence, et de ce qu'elle requiert en gouvernement de prince. Acomplie la dicte première partie le derrain jour de novembre et délaissiez adonc le surplus pour cause de matière de paix deffaillie.

Item, recommencié l'euvre en la II<sup>e</sup> partie, le III<sup>e</sup> jour de septembre après les convenances de paix rejurées en la ville de Pontoise, et que nos seigneurs de France vindrent à grant joie et paix à Paris, en l'an de grâce mil IIII. c. et treize. Et parle de rechief la dite II<sup>e</sup> partie à louenge et bien de paix à l'ennortement du dit monseigneur de Guienne, et de tenir les princes en amour et la chevalérie sur III vertus ; c'est assavoir, justice, magnanimité que on dit hault couraige, et force, en donnant exemples de son ayol le roy Charles Quint.

Item, la IIIe partie parle de bien gouverner le peuple et la chose publique sur III autres vertus : c'est assavoir, clémence, libéralité et vérité.

(1er septembre 1412.)

Les chappitres de la première partie :

Le premier chappitre est une louenge en rendant grâces à Dieu de la paix.

Item, louenge en bénéyçon à mon dit seigneur de Guienne, de ce que par luy et de son mouvement vint la paix.

Item, parle à mon dit seigneur de Guienne à l'ennortement de continuacion.

Item, commence à parler à l'ennortement de vertu à mon dit seigneur.

Item, commence à parler de prudence et dont elle vient.

Item, prouve par raisons comment à nul n'est tant expédient savoir moult de choses que est au prince, et commence à donner examples du roy Charles, quint du nom.

Item, comment prince se doit gouverner par saiges, et donne exemple du dit roy.

Item, dit encores du dit roy.

Item, comment prince doit ouvrer par conseil, et quelz conseillers luy affièrent et quelz non.

Item, parle des bons conseillers et de quans estaz et quelz doivent estre environ le prince.

Item, parle des mauvais conseillers et du mal qui peut par eulx ensuivre.

Item, parle encores des mauvais conseillers.

Item, des mauvais officiers et des moiens qui les mectent ès offices.

Item, quelz doivent estre officiers et serviteurs de court.

Item, encores des bons serviteurs.

(3 septembre 1413.)

Cy commence la table des rubriches de la II° partie de ce livre, la quelle II° partie fut commencée le III° jour du moys de septembre, après les convenances de paix rejurées en la ville de Pontoise, et que noz seigneurs de France vindrent à grant joie et paix à Paris, en l'an de grâce mil .III. c. et treze. Et parle de rechief de la dite II° partie à louenge et bien de paix à l'ennortement du dit monseigneur de Guienne, et de tenir les princes en amour et la chevalerie sur troys vertus : c'est assavoir, justice, magnanimité que on dit hault ou grant couraige, et force, en donnant exemple de son dit ayol le roi Charles Quint.

Le premier chappitre parle de la grant joie de paix et s'adresse aux seigneurs.

Item, parle en louant mon dit seigneur de Guienne en l'effait de la paix.

Item, parle à mondit seigneur de Guienne en l'exortant à continuacion de paix.

Item, blasme cruaulté de la quelle vient et sourt guerre.

Item, commence à parler de la vertu de justice.

Item, dit des propriétez de justice et des bons justiciers.

Item, parle du mal qui vient de non pugnir par justice les malfaicteurs.

Item, dit des convoiteux justiciers.

Item, parle de bien garder justice et donne exemple du roy Charles.

Item, parle comment appartient, selon justice, guerdonner les bons.

Item, donne exemple des Roumains en l'élection des offices.

Item, commence à parler de la vertu de mananimité.

Item, parle à l'exortement de haut courage à mon dit seigneur de Guienne.

Item, dit comment ne sciet à prince estre trop solitaire.

Item, dit du roy Charles à propos de magnanimité.

Item, commence à parler de la vertu de quel force est homme fort.

Item, parle de la vertu de force en la personne du roy Charles et devise de ses guerres.

Item, nomme les noms d'aucuns bons chevetains et vaillans chevaliers et nobles hommes, en fait de guerre du temps du susdit roy Charles.

Cy commence la table de la tierce partie de ce livre qui parle de bien gouverner le peuple et la chose publique.

sur troys autres vertus : c'est assavoir clémence, libéralité et vérité.

Le premier chapitre parle en louant la vertu de clémence et bénignité en prince.

Item, dit comment ceulx du peuple doivent estre compris en la paix.

Item, parle de la force et puissance de France quant elle est à vivre en soy-mesmes en bonne paix.

Item, du mal qui avient par mauvais homme puissant et qui ait seigneurie.

Item, encores de mauvais seigneur, du grief qu'il fait et du mal qui en vient.

Item, comment c'est grant honneur à prince tenir touz les estaz de la policie en leur degrez et ainsi qu'el appartient.

Item, comment peuple doit estre traicté doulcement par bon prince.

Item, de ce mesmes exemple de la Saincte Escripture.

Item, parle de plusieurs signes d'amour que Dieu a démonstré à peuple.

Item, ensuit une épistre adréçant au peuple, qui parle à l'exortacion et enseignement; par exemple, comment desplaît à Dieu rébellion et murmure de commun vers seigneur.

Item, comment il n'appartient que les menuz populaires soient mis ès offices et estaz de la cité.

Item, parle du péril que c'est de donner à menu peuple plus auctorité qu'il ne leur affiert.

Item, des manières bonnes à tenir, affin que les nobles fussent en touz temps excercitez aux armes.

Item, ramentoit le péril et mal qui ensuit et peut ensui-
vyr de guerre civille, afin de se garder de n'y encheoir.

Item, la manière comment appartient à prince tenir le
menu peuple, affin de le garder de présompcion et cause
de rébellion.

Item, tire, à propos de la vertu de clémence en bon
prince, exemple du sage roy Charles.

Item, encores du roy Charles comment par sa sagesse,
clémence et bénignité acquéroit toujours terres et amis.

Item, comment le sage roy Charles amoit science et hon-
nouroit clercs et clergie.

Item, dit d'aucuns exemples que Dieux envoia à princes
cruelz.

Item, comment cruaulté vient d'orgueil.

Item, dit des pugnicions que Dieu envoya à princes orgueilleux.

Item, commence à parler de la vertu de libéralité, de
quoy elle sert et comment elle est convenable à prince.

Item, parle de la vertu de largesse, et de quoy elle sert.

Item, de convoitise et du mal qui en vient.

Item, parle du blasme qui est dit du vice de convoitise.

Item, parle encores soubz la vertu de libéralité, la
bonne ordonnance que le susdit roy tenoit en oyant re-
questes.

Item, parlé des beaux ouvrages que le susdit fist faire et
comment faisoit gaingner les gens du peuple.

Item, parle des grans charges et affaires que le dit roy
Charles avoit en fraiz, en mises; et comment, nonobstant
ce tout, se fournissoit bien et bel en paye et despence.

Item, des manières que le roy tenoit en honourant les estrangiers.

Item, parle de la largesse dudit roy et la discrète manière qu'il tenoit en fait de donner dons.

Item, commence à parler de la vertu de vérité et comment elle doit estre emprinsée.

Item, démonstre comment c'est grant laidure estre le vice de mençonge, si commun en touz les estaz qu'il est.

Item parle de l'ordre et manière de belle éloquence en prince.

Item, dit encores de l'ordre de parleure selon la science de réthorique.

Item, n'avoir moult de langaige.

Item, comment c'est chose mal séant à prince estre ayreux et parler furieusement.

Item, blasme volupté de corps en prince et estre trop habandonné à plaisirs charnelz.

Item, encores de ce mesmes et louenge de l'ordre de mariage.

Item, commence à parler en brief d'aucunes des vertus devant dictes en les approuvant par auctorité, et premièrement de justice.

Item, comment appartient à ceulx qui sont venuz et descenduz de haulte atrace et lignée, le démonstrer par euvre.

Item, le grant mal qu'il peut venir à prince par le vice de paresse.

Item, comment prince doit voluntiers communiquer entre les siens.

Item, comment prince ne doit amer flateurs.

Item, comment doit avoir certain ordre ès faiz et manière de vivre du prince.

Item, de charité partenant à prince.

Item, d'aucuns enseïgnemens d'Aristote.

Item, parle en concluant de maintenir amistié.

Item, le derrain chapitre et la fin du livre.

---

# LE DERRAIN CHAPPITRE ET LA FIN DU LIVRE.

*Semper in finem determinatur res.*
(Proverbiorum decimo .vii°.ç°.)

Or est temps de venir au terme de mon euvre; de la quelle, ainsi que veult dire le proverbe cy dessus, tousjours à la fin peut-on voir quelle est la chose bonne ou malle, selon son estant. Et pour tant, très noble et excellent Prince, s'il te plaist de ta bénigne grace vouloir nocter, du tout en tout, le motif de l'entencion vers toy et ton noble sang de humble ta créature Christine en la compilacion de cestui livre, se c'est ton plaisir de daigner lire ou avoir lu ou ouy, la trouveras de telle affection estre meue par désir de l'augmentacion de ta prospérité de ame, de corps et de loz, que les faultes qui y sont par ignorance tu bénignement suploieras et vertiras en bien, en telle manière que la couronne de laurier, comme en fin par victoire, appartiengne et est deue au vainquant par travail honnorable, ne sera pourtant tollue au labour de ceste dicte œuvre: la quelle ta digne haultesse ait agréable et tiengne à mémoire, moyennant Dieu, qui en toute grace te parface. Amen,

Cy finè le livre de paix.

EXPLICIT,

L'intitulé des chapitres du *Livre de la Paix* en a offert l'analyse la moins arbitraire, et celle que nous devions, de préférence, soumettre au lecteur, pour lui donner une idée exacte de l'ensemble de l'ouvrage. Quant aux détails et à la manière dont Christine sait les développer dans chacun de ses chapitres, les extraits suivans suffiront, ce nous semble, pour les faire apprécier.

*Cy dit comment il n'appartient que les menuz populaires soient mis ès offices et estdz de la cité.* (Chap. xi, 3^me partie.)

> Ne quos humiles natura jacere præcipit, exalta;
> Nam, qui pluvialibus undis intumuit torrens,
> Actrior fluit amne perhemni.
>
> (GALTERUS, *in Alexandride.*)

Et pour tant considérées les choses dessus dictes, très débonnaire Prince, c'est assavoir: veu comment l'inclina-

cion générale des menuz populaires est prompte et preste
par petite considéracion et à pou d'achoison, sans viser
mesmes, à ne que bestes, au mal qui leur peut venir;
mais que quelque pie aient, qui les induise et esmeuve
soubz umbre de dire que ilz sont mal gouvernez, et que
mieulx le seront à commocion et tumulité. Et néantmoins
ne plaist pas à Dieu que ilz soient à princes trop asservis,
ne foulez par oultrageuses charges, si que dit est.

Comment ouvrer, par bonne prudence, à les maintenir en
telle fourme et manière que besoing ne soit de plus doub-
ter les esploiz de leurs folles esmeutes, sans en rien leur
faire quelconque mal ne tort? car que on les doye sup-
porter, nostre Seigneur le veult. Et avec ce, sont nécessaires leurs mestiers et euvres méchaniques et labours à
la chose publique.

Me semble que à l'ordre ouquel appartient que main-
tenuz soient, l'enseigne le premier motif, l'auctorité cy
dessus en latin : qui ce dit plainement et pour eulx, que
tu n'eslièves point ceulx que nature commande estre bas;
car ung petit ruisseau desvoié, dist-il, est plus aspre que
une grant rivière. De non eslever trop gent de commun
et que péril soit, est non leur bailler ou souffrir avoir
charges ne estas plus grans ou autres que ne leur appartient; c'est qu'ilz n'aient autorité de quelconque office ne
prérogative de gouvernement de cité ou villes : lesquelz
choses sont partinens aux bourgeoys notables et d'anciennes lignées, de degré en degré, selon la faculté tant des
dits offices comme des personnes.

Et ce tesmoigne Tulles en son livre, comme la raison

que ainsi appartiengne estre faicte, y soit très bonne; car quel male adventure aroit enseigné à ung homme de mestier qui toute sa vie n'ara exercé autre chose, ne mais son labour ou de bras ou de mains, sans se mouvoir de son astellier pour gaingner sa vie, n'avoir fréquanté gens légistes ou coustumiers en choses de droit et de justice, n'ara veu honneur, ne sara que est sens, n'a aprins à parler ordonnéement por raisons belles et évidens, ne les autres savoirs et choses qui affièrent à gens propres à establir ès gouvernement. Et ung tel fol qui à paine sara sa *Pater nostre*, ne soy-mesmes gouverner, fors par ses taverres, vouldra gouverner autruy? Dieu! du gouvernement duquel, pour ce que le sens est petit communément de telz, et que naturellement les folz sont orgueilleux quelz que chétifs qu'ilz soient, n'est plus de meschief que leur gouvernement. Car que cuides-tu que ce soit d'un malostru, qui tout à coup cuide devenir maistre? Il n'est subjection si perverse. Mais que il se harice bien ou visaige, à tout ung pic en sa main, jurant laidement en menaçant chacun, trop bien cuidé faire la besongne.

Mais que est-ce à voir ès consaulx de leurs assemblées? c'est tout pour rire, mais qu'il n'y eust péril leur ouïr dire leur raison, où le plus fol parle premier à tout son tabler davant soy. Ce semble ung droit jeu de personnage fait par mocquerie; et sur ce, se fondent-ilz en leurs contenances et parlers, pour ce que ilz les ont ouy en ses farces que en fait, cuident que on doye par tel manière prononcier et asseoir son langaige, ung pié avant et autre arrière, tenant les mains au costé. Il n'est plus de galle; là n'a mestier droit, volunté y euvre assez; et de fol juge briefve sentence, y sont les conclusions faites sans avis : dont très mauvais effaiz s'ensuit.

O ! mès quel orreur est-ce à voir au partir de la selle diabolicque assémblée de innombrable menue gent suivant l'un l'autre comme brebis, prests et appareillez de touz maulx faire, mais que l'un encommence ! car oncques fureur ne cruaulté de sangler ne se acompara, sans savoir qu'ilz se demandent; et quant ilz s'encharnent sur quel que soit, ou sur aucunes gens, là n'a resne tenue, ne honneur gardée à prince n'à princesse, à seigneur ne à maistre, n'à voisin ne voisine; noblesse y est en grant vilté, bien y est menaciée, tout sera mis à mort, plus n'en souffreront. Adont sont si aises quant ilz tuent ou massacrent gens, rompent coffres, robent tout, effoncent vin à ses riches gens. Ha ! comment c'est bien besongné, dont vraiement à tout dire en brief, tant y font de maulx, que bien savoit l'aucteur qu'il se disoit, quant il disoit que un petit ruissel desrivé fait plus de grief que une grant rivière : ce n'est pas bourde.

———

*Cy parle du péril que c'est de donner à menu peuple plus auctorité qu'il ne leur affiert.* (Chap. XII, *idem*.)

Simplex nobilitas perfida tela cave.
(OVIDIUS, *de Fastis*.)

Ung noble prince, se dit Ovide, se doit tousjours garder des félons, et pour ce encores à propos revenir de ses populaires, desquelx procès seroit sans finer, dire de touz les mauvais esploiz de leurs fureurs; non mie que je les aye touchez ne voulsisse rementevoir pour leur nuyre ne mectre en male grace du Roy, ne de toy, bon Prince, ne blasmer à ceulx qui, le temps avenir ou quant ses choses seront oubliées et bien apaisées, pourroient ce livre lire ou ouir; mais comme touz mes motifs soient, et ce scet Dieux, affin de tirer à paix et tout bien, et escheyer guerre, selon mon petit savoir l'ay fait, pour démonstrer comment grant sens a à tel gent tenir et gouverner, affin que jamais les périlz susditz, ne par eulx, ne puissent avenir; car si que dit un usaige : Qui ne veult choir en inconvénient, se doit garder des occasions.

Et, sans faille, avec ce n'est mie doubte que, mesmes des simples gens de mestier, est-il de très bons et qui nullement à telz rumeurs ne se vouldroient ingérer; et en cognois pluseurs qui très dolens estoient de ses esploiz. Si soit prins des oyans ou bon entendement que je le dis, et non autrement. Doncques pour les raisons susdites, si que ou chappitre précédent est touché, office de cité n'appartient aux populaires. Mais se aucuns vouloient dire que le contraire appaire par ce, que pluseurs citez, en Ytalie et autre part, se gouvernent par les menuz; et que Boulongne la Grace et autres, etc., je respons que voirement font; mais que de nulle aye ouy parler qui bien par telz soit gouvernée, ne longuement à paix, je dis que non. Et quant est de ce, que aucuns pourroient dire que Rome, sans seigneur, bon et bel jadis se gouvernast, je dis que non pas le menu peuple le gouvernoit, mais les nobles, si que en la cité de Venise font aujourd'uy, et tousjours ont fait bien et bel et en accroissement de seigneurie; mais c'est par les anciens lignaiges des bourgeoys notables de la cité, et s'appellent nobles, et ne souffreroient pour riens ung de peuple aller à leurs consaulx. Et telz governement pevent bien estre de durée; mais de menu peuple, croy que de nul sage ne seroit approuvé. Et ce afferme assez mesmes Aristote, quant il dit que seigneurie de pluseurs en ung païs ou cité est chose confuse; et de ceste matière parla Catilline, duquel Saluste fait mencion et dit, que ceulx qui sont pouvres ès citez, c'est assavoir le peuple, ont tousjours envie sur les riches; et pour ce eslièvent-ilz voluntiers et exaulcent les mauvais. Si vouldroient addès nouvelles seigneuries et mutacions. Et comme jamais ne leur souffise, quelz que bons gouvernemens qu'ilz aient, vouldroient tousjours que estat de cité se rechangeast. Et que ceste sentence soit vraye, le nous aprent l'expérience des choses de nouvel passées. Car pour ce que telz gens sont pouvres et indigens, et ne pevent avoir riens, se de jour en jour à leurs labours ne le gaignent, vouldroient toujours guerre par espécial civille, affin de courir sus aux riches, pour ce que ilz se voient en plus grant quantité que eulx. Et n'est autre chose leur donner auctorité et les enbesongner de fait de guerre, ne mais donner licence aux larrons et murdriers, qui paour des fourches se seullent tapir ès bois, qu'ilz facent hardiement leurs murdres et larrecins publiquement et en appert, et à ceulx qui ne le sont mesmement, que ilz le devienent.

Si n'est plus grant folie à prince et seigneur, si je l'ose

dire, qui veult obtenir sa seigneurie franchement et en paix, que donner licence au menu commun de soy armer; et cueil droitement la verge celuy qui ce fait, dont est après batu, si que expérience le nous a tesmoigné, etc. Si ose dire que ce à porter armes s'acoustument, ne sont pas tenuz de légier sans rébellion, et que le seigneur mesme, par ce qu'ilz sont muablés et que toujours vouldroient nouvelletez, si que dit est, ne soit quelque foiz en péril de sa vie perdre. Et pour ce que bien le savoit ung sage duc d'Athènes, quant il ot subjugué à grant peine le peuple de Lacédémone, leur commanda à exercer leurs mestiers, et que plus ne s'armassent.

Dont, veu les évidens raisons dessus dites et maintes autres qui dire se pourroient, je conclus, selon mon advis, soubz correction, que mieulx seroit à ung prince en ses guerres, s'il n'avoit assez nobles et gens d'armes en son païs pour y emploier, qu'il prensist ainçois souldaiers estranges, si qu'en Italie font et autres maints lieux, combien que assez de gent peut-estre diroient le contraire, et leur raison seroit pour ce que plus aspres et fiers, se leur semble, seroient à la deffence du païs et à l'aide de leur seigneur que les estrangiers. Mais je di que tout ce est riens; car, si que dit Végèce, il n'est deffence ne autre force en guerre, fors de ceulx des quels c'est leur mestier, c'est assavoir très bons hommes d'armes, et comme en gent de commune n'ait point d'arest ne seureté aucune, et ne vallent ne mais à grever à leur avantaige et fait de pillaige, n'y fait à emploier.

*Cy dit la manière comment appartient à prince tenir le menu peuple, affin de le garder de présompcion et cause de rebeller. (Chap. xv, idem.)*

Affin, dit Christine, que leurs vagues desirs cessent, ne que plus les semblables maulx passez ne puissent ensuivir, est bon, me semble, que le prince, tant pour faire son devoir principalement vers Dieu, comme affin que cause n'ait peuple de plus murmurer né eulx tenir mal contens, que il le gouverne deuement et soubz très bonne justice, ne les seuffre estre foulez ne pillez par gens d'armes, ny de personne; les deffendre diligemment de tous ennemis, si que fait le bon pastour ses brebis, et que faire le doit; yueille et ordonne que se riens est prins du leur ou de leur paine, que tantost soient paiez et contentez; car, dit le sage, ne tiens le salaire du laboureur du soir au matin, affin que maudisson ne te nuise. Ne prengne sur eulx subcide, tailles, ne à quelconque charge ne les impose outre la nécessité de soutenir ses guerres, si que droit le permet; les tiengne en paix, et que nul ne les oppresse ne face grief, affin que cause n'aient d'eulx esmouvoir ne occupper en autres choses ne mais à leurs labours et mestiers; leur soit débonnaire et bénigne en parolle, s'il eschiet que à luy parlent, et favorable à leurs justes péticions, de cruaulté nullement n'use vers eulx; ains yueille que ilz scient traités amiablement.

Et quant il va par la ville ou autre part, ou à l'encontre

luy viennent et le saluent, les salue très doulcement et de
bénigne chière.

Item, ordonne que ilz ne portent habiz oultrageux ne
autres que leur appartiennent, sans prendre ceulx des
gentilz hommes, broderies ne devise, comme tel orgueil
puist estre préjudiciable, et peut-estre est. Item, et affin
qu'ilz s'aprengnent à estre mieulx moriginez, face deffendre ses maugroiemens, reniemens et ses oultrageux
sermens de nostre Seigneur, soubz paine de grant pugni-
cion en général deffence; aussi bien en soient pugniz grans
comme petiz, et mesmement gens de court, affin de mieulx
duire ung chacun, et eschever murmure des petiz, et par
justice amodérée soient après pugniz les deffaillans; avec
ce ses folles compaignies et assemblées en maisons sans
juste achoison leur fussent véez.

Item, et comme oisiveté soit cause, souvent avient,
d'induire jeunèce à mains maulx faire et folles conspira-
tions, que certaines gens fussent establiz par belle justice
pour tousjours enserher et prendre garde que aucun
desroy ne fust machiné en ville, et que telz follastres gal-
lans oyseux qui vont çà et là ou par ses tavernes, sans
riens faire, ne leur fust plus souffert, ains bien engins fussent de quoy servent et que vont faisant, mis en prison s'ilz
ne vont à leurs mestiers, s'il est jour ouvrier.

Item, fussent bien acertes deffendues ces folles parolles
parcialles qui ont couru et encores ne cessent, dont mal
pourroit venir, et pugnir ceulx qui plus en useroient pour
chastier les autres.

Et à brief dire, par telz voies tenir en généralité et

toutes autres bonnes ordonnances, que sur ce aviser se
pourroit le prince tenir son peuple en paix, faisant leur
grant prouffit pour ce que plus ne s'en tendroient aux
pertes de temps que faire souloient, ains chacun à son
droit mestier. Si seroient bien contens de luy, puis qu'en
paix on les tendroit et soubz bonne justice, et porront
enrichir, por quoy mieulx aroient l'aise de luy aider, se
besoing en avoit. Et par ainsi vivroit le peuple soubz bon
seigneur glorieusement, etc.

# PRIÈRE A NOTRE-DAME.[1]

I.

O Vierge pure, incomparable,
Pleine de grâce inextimable,
De Dieu mère très glorieuse,
A qui te requiert secourable,
Ma prière soit acceptable
Devant toy, Vierge précieuse !
Douce dame, si te requier
Que m'ottroies ce que je quier.
C'est pour toute crestienté
A qui paix et grant joye acquier
Devant ton filz, et tant enquier
Que tout bien soit en nous henté.
Ave Maria.

[1] Ms. de la Bibliothèque royale, n° 7216, f° 45 v°

## II.

Et si, com saint Bernart tesmogne,
Celle es par qui nous prolongue
Tout mal, et qui adès ne fine
De procurer nostre besoigne
Devers Dieu, priant qu'il n'esloingne
De nous sa grâce pure et fine;
Pour sainte église à requérir
Ce vueil, qu'il te plaise acquérir
Paix et vraie transquillité;
Et si bon pastour nous quérir,
Qui tous nous face à Dieu courir
En foy et en humilité.
    Ave Maria.

## III.

Vierge sacrée, pure et ferme,
Si com saint Bernard nous afferme
En son saint sermon de l'Advent,
Celle qui en foy nous conserve
Et en purté, et nous defferme
Le ciel, si comme il fu convent:
Je te pri pour tous les prélas
De saincte Eglise, que des laz
De l'anemi tu les deffendes;

Curés et prestres leur solaz
Soit en bien faire, et jamais las
Ne soient, et que ou ciel les rendes.
    Ave Maria.


## IV.


Ovette pure et entérine,
De toute bonté la racine,
Si com saint Jérosme nous dit,
Assise ou plus hault termine
Du ciel par la grâce divine
Après ton filz, com fut presdit :
Pour le Roy de France te pri
Qu'en pitié tu oyes le cry
De ses bons et loyaux amis ;
Paix et vraye santé descry
A lui ou livre l'escry
Où Dieu a tous ses eslus mis.
    Ave Maria.


## V.


O tu, Vierge prédestinée
Très avant que tu fusses née,
Ainsi le dit saint Augustin,
De la Trinité ordennée,
Pcur nostre sauvement donnée,

Pure et perfaitte par destin :
Pour nostre Royne de France
Te pry qu'elle n'ait jà souffrance
De peine infernal, et lui donnes
Joye et paix, et tiens en souffrance
Long-temps au monde; après l'outrance
De la mort, de son ame ordonne.

Ave Maria.

## VI.

Dame des Angelz très courtoise,
Si com tesmoingne saint Ambroise,
Mirouer de toute vertu,
Vraye humilité qui la noise
D'orgueil rabat, et qui racoise
D'yre la force et la vertu :
Paix, bonne vie et bonne fin
Donne à monseigneur le Daulphin,
Et science pour gouverner
Le peuple, qui de bon cuer fin
L'aime; et vueilles qu'à celle fin
Après le père il puist régner !

Ave Maria.

## VII.

Royne, qui des maulx nous lève
Lesquelx nous empétra dame Eve,

Si com saint Augustin raconte,
Tu es celle qui n'es pas tève
A nous expurgier de la cève
De péchié qui trop nous surmonte ;
Pour les enfans du Roy prière
Te fais, Vierge très saingulière,
Que tu leur donnes bonne vie,
De vraye science lumière,
Et Paradis après la bière ;
En eulx soit ta grâce assovie !
    Ave Maria.

# VIII.

Très pure, qu'on ne puet louer
Souffisemment, tant à louer
Si sache nul, dit saint Jérosme,
De doctrine le parlouer
Et d'onnesteté le mirouer,
Le pilier de foy et la cosme :
Pour le noble duc d'Orliens
Te pry, que gardes des liens
De l'anemi qui tousjours veille ;
Pries ton filz que de tous biens
Il remplisse lui et les siens,
Et l'ame en paradis recueille.
    Ave Maria.

## IX.

Vierge, qui tous les péchiez donbte,
Dont en son sermon nous raconte
Saint Bernard, qui dit et recorde,
Que de toy louer à droit compte
Nul n'est souffisant, et pou monte
Vers ta bonté quanque on recorde :
Pour les oncles du Roy prier
Je te vueil, et mercy crier
Que tu leur donnes Paradis,
Le royaume en paix alier,
Tout bien, joie sans détrier,
Sapience en fais et en dis.

     Ave Maria.

## X.

Trésorière, qui toutes passe
Les femmes en qui Dieu mist grace,
Si com saint Jérosme nous dit,
De sapience la grant masse
De celle qui noz maulx efface,
Et que Dieu point ne contredit :
Tous les nobles royaulx enfans
De mal et de péril deffens,
Fils, filles, dames, damoiselles,

Le laz de l'anémi pourfens,
Si qu'il ne leur puist faire offens
N'à ceulx qui sont où eulx n'à celles.
       Ave Maria.


# XI.


Dame, de qui l'umain lignage
Ne se puet en ce monde ombrage
Passer, ce dit Cassiodore,
Leur patronne, leur nef, leur barge,
Qui le conduit à droit rivage
Ou temps passé et ou temps d'ore :
Et pour d'Alebreth le bon Charles
Te suppli qu'à ton doulz filz parles,
Et pour tout le bon sang royal, .
Soyent ou femmelles ou masles,
Deffens ès peines infernales,
Et qui l'aime de cuer loyal.
       Ave Maria.


# XII.


Fontaine pleine de pitié,
De grâce et de toute amistié,
Dist saint Bernard en son sermon,
Commune à tous, bien esploitié
A qui de toy s'est acointié ;

Car de péchié romps le lymon :
Je te pri m'oroison reçois,
Et le royaume des François
De mal et de péril tu gardes,
Et d'anemis se l'aperçois
De guerre et de contens [1], ançois
Que tes loyaulx amis y perdes.
    Ave Maria.


# XIII.


O lumière celestièle
De nous conduire la droite elle,
Si comme dit saint Anseaume (Anselme),
Qui tant portas doleur cruèle,
A la mort ton filz qui t'appelle
Tu lui es deffense et heaume :
Pour la noble chevalerie
De France je te pri, Marie,
Et pour tous nobles ensement ;
Leur ame jà ne soit périe ;
Par toy et par eulx soit garie
France de mal et de torment.
    Ave Maria.


[1] Contentions.

# XIV.

O engendrerère de vie
Et de Dieu espouse et plevie,
De toy saint Bernard le recorde,
En corps et en ame ravie,
Ou hault ciel en gloire assouvie,
Fontaine de miséricorde :
Pour le clergié et les bourgeois,
Dame, prière je te fais,
Et pour marchans et pour commun;
Prie cil qui moru en croix
Que aux ames leur soit courtois,
Et tout bien soit entr'eux commun.
       Ave Maria.

# XV.

Dame de grace, la droite ente
Qui devant Dieu nous repente,
Et ce tesmoigne saint Bernard,
Nostre moyen et nostre sente,
Nostre escu quant péchié nous tempte;
Qui pour nous prie main et tart:
Pour tous les laboureurs de terre
Te pri que leur veuilles acquerre
Sauvement, et leur donnes grace

Que tel labour puissent pourquerre
Dont Dieu soit servi en tout erre,
Et toute la terre en soit grace.
          Ave Maria.

# XVI.

Coulombe simple, sade et blanche,
De péchié monde, pure et franche,
Si comme ton filz t'appella
Quant de la mort passas la planche,
Et entre ses bras comme branche
Ou ciel te porta, pour cela
Te pri pour tous les tréspassez
De purgatoire, qu'effacez
Soit de leur péchié le limon;
Et soient en gloire passez,
Et de ton filz soit enbracez
L'esperit Charles roy quint du nom.
          Ave Maria.

# XVII.

Vierge-mère, de Dieu ancelle,
De la Trinité temple et celle,
Saint Jérosme en fait mencion;
Après l'enfantement pucelle,
Sur toutes femmes tu es celle

Qui de grace eus prévencion :
Pour le dèvot sexe des femmes
Te prie, que leur corps et leur ames
Tu ayes en ta saincte garde ;
Soient damoiselles ou dames
Ou aultres, gard-les de diffames ;
Et que feu d'enfer ne les arde.
   Ave Maria.


# XVIII.


Vierge pure, par les fontaines
De tes chastes yeulz, et les peines
Qu'à ton filz veis en la croix,
Dist saint Anseaume, et les vaines
De son corps qui pendait en aines
Ouvertès, te pri qu'os ma voix,
Et à ton fils qui fut mort mis,
Pour moy et pour tous mes amis
Il te plaise à faire prière ;
Et la gloire, qu'il a promis
A ceulx qui ont péchié remis,
Nous ottroit et grace plainière.
   Ave Maria.


EXPLICIT.

# APPENDICE.

---

Nous avons donné dans l'Introduction (p. 76) les motifs qui nous faisaient joindre aux pièces politiques de Christine de Pisan, et en particulier à son *Livre de la Paix*, la notice et l'analyse du *Livre des trois Vertus à l'enseignement des princesses, dames de la cour et femmes de tous les estats*. Comme ce dernier ouvrage a des rapports encore plus directs avec le *Livre de la Cité des Dames*, dont il a été surnommé le *Trésor*, n'oublions pas que celui-ci avait été consacré par Christine à la réhabilitation de son sexe. C'est le même motif qui lui fit prendre la plume contre les partisans du *Roman de la Rose*, « afin, disait-elle, de soutenir par deffenses vérita- « bles, contre aucunes opinions à honnesteté con- « traires, l'onneur et louenge des femmes : la quelle

« plusieurs clercs et autres se sont efforcés d'amé-
« nuisier (amoindrir), ce qui n'est loisible à souffrir. »

L'examen particulier de *la Cité des Dames* (mss.
nos 7091, 7395), est donc inséparable du travail
que nous préparons sur la défense des femmes par
Christine ; et nous le renvoyons à notre publication
prochaine, en faisant observer que ce livre sert en
même temps de préliminaire au *Livre des trois
Vertus*, ouvrage d'enseignement politique et moral,
dont il renferme en quelque sorte les antécédens
historiques. En effet, ce que l'un veut persuader
à l'aide de l'histoire en rappelant l'exemple des
femmes les plus célèbres par leurs talens et leurs
vertus, l'autre le prouve en exposant leurs droits
et leurs devoirs dans toutes les conditions de la vie
sociale ; et une même conviction naît de la lecture
de ces deux écrits : c'est que les femmes, depuis
celles qui occupent le trône jusqu'aux pauvres
filles des laboureurs, ont un beau rôle à remplir
pour le bonheur de l'humanité.

Tels sont les rapports qui unissent ensemble ces
deux ouvrages, les plus renommés et les plus ré-
pandus de tous ceux de Christine, s'il faut en juger
par le nombre de leurs manuscrits. Outre ceux que
possèdent à Paris la Bibliothèque royale et celle

de l'Arsenal, on en trouve encore à Dresde[1], à Bruxelles, en Angleterre et en Portugal. La popularité du *Trésor de la Cité des Dames* a été constatée en particulier, après la découverte de l'imprimerie, par trois éditions successives[2]. Il importait de le rappeler, en remarquant que ces éditions, dont nous n'avons pu découvrir encore que deux exemplaires, ne contribuent pas plus que ses manuscrits à la publicité de l'ouvrage en question. C'est pourquoi nous l'avons considéré comme étant inédit; et nous en donnons l'analyse afin qu'on voie s'il est digne d'être publié de nouveau.

---

[1] V. le Dictionnaire bibliographique universel de Adolf Ebert, col. 320, et la notice littéraire de Christine dans le Mercure allemand de Groetz, que ne possède pas la Bibliothèque royale. (Groetz, deutsch Merkur, 1781, t. III, p. 220-229.)

[2] *Le Trésor de la Cité des Dames*, selon dame Christine de Pisan. Paris, Ant. Verard, 1497, in-f°.

*Le Trésor de la Cité des Dames, de degré en degré et de tous estals*, selon dame Christine. Paris, Mich. le Noir, 1503, in-4°.

*Le Trésor de la Cité des Dames*, selon dame Christine, de la cité de Pise; livre prouffitable pour l'instruction des roynes, dames, princesses et autres femmes de tous estals. Paris, Den. Janot, 1536, in-8°.

# LE LIVRE DES TROIS VERTUS

OU

## TRÉSOR DE·LA CITÉ DES DAMES,

DÉDIÉ A LA DAUPHINE, DUCHESSE DE GUIENNE.

A très haulte, puissante et redoubtée princesse madame Margarite de Bourgongne, espouse de très excellent prince Loys, duc de Guienne, attendant la couronne, aisné filz de Charles, roy de France, et fille du duc Jehan de Bourgongne, conte de Flandres, d'Artois et de Bourgongne.

Ma très redoubtée et très honnourée dame, pour ce que le tesmoing et rapport de tous ceulx et celles qui fréquentent environ vous, notiffie que vostre belle jonesse flourissant de mieulx en mieulx, non obstant le très jone eage, se démonstre par les signes de vertu qui en vous appèrent, encline à toutes bonnes meurs et condicions, et que par

¹ Mss. nᵒˢ 7395 et 7398,

singulier et espécial don de Dieu, vostre bon sens naturel
vous induit et aprent à amer sapience et tous les choses
qu'elle démonstre, pour le desir que votre très noble courage a de vivre ou temps présent et en cellui à avenir, par
l'ordre et administration de raison, en la manière que doit
estre riglée et duitte toute haulte princesse : Je, Christienne, vostre humble servante, desireuse de faire chose
qui plaire vous peust, se tant valoie que faire le sceusse,
ay fait et compillé au nom de vous et pour vous singuliè-
rement cestui présent livre ; lequel est à la doctrine et
enseignement de bien et deuement vivre aux princesses,
et généralement à toutes femmes, si que veoir le porrés
s'il vous plaist à y lire, tout ne soye mie digne de me
entremettre de si notable chose et que mon entendement
ne y souffise. Néantmoins par pure et bonne entencion
qui ad ce me maine, par le grant desir que j'ay de l'acrois-
sement du bien et honneur de toute femme grande,
moienne et petite, et non pour tant que je soye assez
certaine que ceste ditte doctrine n'ait besoing par manière
d'enseignement à vostre noble personne, qui jà est, Dieu
merci, toute enseignée et aprise en ce qu'il comment.

Ma très redoubtée dame, néantmoins et affin que vostre
noble cuer de plus en plus se délicte et si euvre la voye
de bonnes meurs que dès vostre enffance ayés emprise, par
si que vostre eage croisse et se parface en toute discrécion,
ne puet nuire que avec la bonne volenté que y avés, vous
estudiés en livre où sont contenues les choses qui vous
puent confermer et conforter en vostre juste volenté et
desir, qui est de tout bien faire. Si vous plaise par vostre

humilité, redoubtée dame, avoir aggréable le petit présent de mon labour tel comme il est; et se chose y a qui à recueillir vous samble bonne, vuelliés y mettre entente et la retenir en vostre bonne mémoire, si que par mettre à œuvre mieulx vous en soit en tous temps. Et les deffaultes qui y puent estre par mon petit savoir, vous plaise de votre grace les excuser, considérant que par faulte de bonne volenté ne viennent, mais par ignorance.

Ma très redoubtée dame, si pri au benoit filz de Dieu que bonne vie et longue vous doinst, perfection de toute grace, et tellement vivre en ce siècle, que à la parfin la joye du ciel vous soit donnée: ainsi soit-il. Amen.

*Ci commence le livre des trois vertus à l'enseignement des dames. Le premier chappittre devise comment les Vertus, par lequel commandement Christienne fist et compila le livre de la Cité des Dames, lui aparurent et commirent à faire cest œuvre.*

Après ce que j'euz édiffié à l'aide de Dieu et par le commandement des trois dames de vertu, c'est assavoir: raison, droicture et justice, *la Cité des Dames*, par la forme et manière que ou contenu de la ditte cité est déclarée: Je, comme personne travaillée de si grant labour avoir ac-

compli et mis sus mes membres et mon corps, lasse pour
cause du long et continuel exercice, estant oyseuse et qué-
rant repos, s'aparurent à moy de rechief. Gaires ne tar-
dèrent les susdittes très glorieuses, en disant toutes trois
parolles d'une meisme substauce en telle manière :

« Comment, fille d'estude, as-tu jà remis et fichié en mue
l'oustil de ton entendement, et délaissié en sécheresse en-
cre, plume et labour de ta main destre, ou quel tant te
soulays délitter? Veulz-tu doncques donner oreille à la
leçon de paresce qui te chantera, se croire la veulx :
Tu as assez fait; temps est que tu reposes. Comment ne
scez-tu que Sénecque dist que, quoyque l'entendement
du saige après grant labour se repose, pourtant n'est-il
nul temps remis d'aucune bonne œupvre?

« Non mie à toy appartient estre ou nombre de ceulx qui
en my-chemin sont trouvez recréans? Malle honte ait le
chevalier qui se départ de bataille ains la fin de la victoire!
Car à ceulx appartient la couronne de laurier qui persé-
vèrent. Or sus, sus baille çà ta main. Liève-toy; plus ne
soyes acroupie en la pouldrière de recréantise. Entens
noz sermons, et tu feras bonne euvre. »......................
............................................................................................

Lors moy, Christine, oyant les séries voix de mes très
vénérables maistresses, ramplie de joye en trésaillant tost
me dreczay et agenoillie devant elles, m'offri à l'obéissance
de leurs dignes vouloirs. Et adonc je receu d'elles tel commandement : « Prens ta plume et escrips. Béneurées seront
celles qui habiteront en nostre cité, pour accroistre le
nombre des citoyennes de vertu! A tout le collège féminin

et à leur dévote religion soit nottifié le sermon et la leçon de sapience.

« Et tout premièrement pour ce que estat de magesté royalle et de seignourie est eslevé sur touz estaz mondains, et qu'il est de neccessité que ceulx et celles, tant femmes que hommes, que Dieu a establiz ès hautz sièges de puissance et de dominacion et seigneurie, soient mieulx moriginiéz que aultres gens, affin que la réputation et représentation d'eulx en soit plus vénérable, et qu'ils puissent estre à lours subgetz et à ceulx qui les hantent et fréquantent, si comme miroir et exemple de toutes bonnes meurs : s'adrècera nostre leçon premièrement à ycelles, c'est assavoir : aux roynes, princesses et haultes dames. Et puix, en suivant de degré en degré, chanterons semblablement nostre doctrine en tous les estaz des femmes, afin que la discipline de nostre escolle puisse estre à toutes vallable. »

Cy commence la table des rubrices du *Livre des trois Vertus à l'enseignement des Dames*, le quel dit livre est parti en trois parties :

La première s'adresse aux princesses et haultes dames;

La seconde, aux dames et damoiselles, et principalement à celles qui demeurent à court de princesse ou haulte dame;

Et la tierce, aux femmes d'estat, bourgeoises et femmes
du commun pueple.

—

Le premier chappittre de la première partie devise comment les trois vertus, par le quel commandement Christienne fist et compila le livre de *la Cité des Dames*, s'aparurent de rechief à elle, et lui commandèrent à faire ceste
présente euvre.

Item, comment les trois vertus ennortèrent à toutes princesses et haultes dames que elles viennent à leur escolle;
et est leur principal et premier enseignement d'amer et
craindre nostre Seigneur.

Item, devise la manière des temptations qui püent venir
à haulte princesse.

Item, comment la bonne princesse qui aimera nostre
Seigneur pourra résister aux temptations par divine in-
fourmacion.

Item, devise le bon et saint advertissement et cognois-
sance qui vient à la bonne princesse par l'amour et crainte
de nostre Seigneur.

Item, devise les deux saintes vies, c'est assavoir : de la
vie active et de la vie contemplative.

Item, devise de la voye que la bonne princesse, de Dieu
amonnestée, délibère à tenir.

Item, comment la bonne princesse vouldra attraire à soy
toutes vertus.

Item, comment la bonne et sage princesse se pènera de

mettre paix entre le prince et les barons se il y a aucun discort.

Item, les voyes de dévote charité que la bonne princesse tendra.

Item, commence à parler des enseignemens moraulx que prudence mondaine donra à la princesse.

Item, devise de la manière de vivre de la sage princesse par l'amonnestement de prudence.

Item, commence à parler des sept principaulz enseigne-mens de prudence, qui sont neccessaires à toutes princesses qui aime et veult honneur; et est le premier comment elle se contendra vers son seigneur.

Item, le second enseignement de prudence, qui est com-ment la sage princesse se contendra vers les parens de son seigneur.

Item, le tiers enseignement de prudence, qui est com-ment la sage princesse sera songneuse de se prendre garde sur l'estat et gouvernement de ses enffans.

Item, le quart enseignement de prudence, qui est com-ment la sage princesse tendra discrète manière meisme-ment vers ceulx que elle sera bien qui ne l'aimeront pas, ou qui aront envie sur elle.

Item, le ve enseignement de prudence, qui est comment la sage princesse mettra paine comment elle soit en la grace et bénivolence de tous les estas de ses subjets.

Item, le vie enseignement de prudence, qui est comment la sage princesse tendra en belle ordonnance les femmes de sa court.

Item, le vie enseignement, qui est comment la sage princesse se prendra garde sur ses revenues, et comment ses finances seront dispenséez et de l'estat de sa court.

Item, devise en quelle manière se doit estendre la largesse et libéralité de la sage princesse.

Item, devise les excusations qui affièrent aux bonnes princesses qui ne pourroient pour aucunes causes mettre à effect les choses dessus dittes.

Item, devise du gouvernement de la sage princesse demourée vesve.

Item, de ce meismes et des jones vesves.

Item, devise du gouvernement qui doit estre baillié et tenu à jone princesse nouvelle mariée.

Item, enseigne les manières que la sage dame ou damoiselle qui a en gouvernement jone princesse, doit tenir pour maintenir sa maistresse en bonne renommée et en l'amour de son seigneur.

Item, devise de la haulte jone dame qui se vouldra desvoyer en fole amour, et l'enseignement que prudence donne à la dame ou damoiselle qui l'ara en gouvernement.

Item, les lettres que la sage dame ou damoiselle puet envoyer à sa maistresse.

Cy commence la table des rubrices de la IIe partie de ce livre, la quelle s'adresse aux dames et damoiselles. Et premièrement à celles qui demeurent à court de princesse ou de haulte dame.

Le premier chappittre comment les trois dames, c'est assavoir : raison, droicture et justice, récapitulèrent en brief ce que dit est devant.

Item, devise les quatre points : les deux bons à tenir et les autres deux à eschever (esquiver). Et comment dames et damoiselles de court doivent amer leur maistresse, et c'est le premier point.

Item, du II$^e$ point qui est bon à tenir aux femmes de court, qui est comment elles doivent eschever trop d'acointances.

Item, du III$^e$ point, qui est le premier des deux qui sont à eschever, parle de l'envie qui règne à court, et comment elle vient.

Item, encore de ce mesmes, et enseignement as femmes de court comment se garderont d'avoir en elles le vice d'envie.

Item, du IIII$^e$ point, qui est le deuxième de ceulx qui sont à eschever, et parle comment femmes de court se doivent garder de mesdire, et de quel chose vient mesdit ne à quel cause.

Item, de ce meismes, comment femmes de court ne doivent nullement mesdire de leur maistresce.

Item, comment il n'appartient à nulles femmes de court de diffamer l'une l'autre, ne dire mal.

Item, parle des femmes, dames ou baronnesses, la manière du savoir qui leur appartient.

Item, devise la manière comment il appartient que les dames ou demoiselles qui demeurent sur leurs manoirs se gouvernent ou fait de mariage.

Item, devise de celles qui sont oultrageuses en leurs habillemens.

Item, parle contre l'orgueil d'aucunes.

Item, devise des maintiens qui appartiennent aux dames.

—

Cy commence la table des rubrices de la tierce et derrenière partie de ce livre, la quelle s'adresse aux femmes d'estat des bonnes villes, aux bourgoises et aux femmes du commun peuple, et puis aux femmes des laboureurs.

Le premier chappittre parle comment tout ce que dit est devant, puet touchier aussi bien les unes femmes que les autres; et de la manière du gouvernement que femme d'estat doit tenir ou fait de son mariage.

Item, comment femmes d'estat et bourgoises doivent estre ordonnées en leurs habis, et comment se garderont de ceulx qui cachent à elles decevoir.

Item, devise des femmes des marchans.

Item, des femmes vesves, vielles et josnes.

Item, des pucelles.

Item, devise comment les anciennes femmes se doivent maintenir vers les josnes.

Item, comment les josnes femmes se doivent maintenir vers les anciennes.

Item, comment les femmes de mestiers gouverner se doivent.

Item, des femmes servans et chamberières.

Item, parle à l'enseignement des femmes de folle vie.

Item, parle en louant les femmes honnestes et chastes.

Item, des femmes des laboureurs.

Item, parle à l'estat des povres, tant hommes comme femmes.

Item, la fin et conclusion du livre.

---

Cy s'enssieult la fin et conclusion de ce livre.

A tant se teurent les trois dames qui à cop s'esvanuyrent; et je, Christine, demouray aucques lassée par longue escripture, mais très resjouye, regardant la très belle euvre de leurs dignes leçons, lesquelles de moy récapitulées, veues et reveues, me apparoient estre de bien en mieulx très proufftables au bien et augmentacion des meurs vertueulx, en accroissement d'onneur aux dames et à toutte l'université des femmes présentes et advenir, où se porroit ceste ditte euvre estendre et estre veue. Pour ce, moy leur servante, tout ne soyé-je souffissant pour tousjours, selon mon usaige, m'enployer ou service du bien d'elles, si que continuellement je le desire, me pensay que ceste noble euvre monteplieroye par le monde en pluiseurs coppies, quel qu'en fust le coust, seroit présentée en pluiseurs lieux à Roynnes, princesses et haultes dames, afin que plus fust honnourée et exaulcie, si que elle en est digne, et que par elles puet estre semée entre les autres femmes. La quelle ditte pensée et desir mis à effect, si que jà est entrepris, sera ventillée, espandue et publiée en tous pays, tout en la langue franchoise. Mais pour ce que ladite langue plus est commune par l'univers monde que quelconque autre, ne demourera pourtant vague et non utile nostre ditte euvre, qui durera au siècle sans dechiéement par diverses coppies.

Si la verront et orront maintes vaillans dames et femmes d'auctorité, ou temps présent et en cil advenir, qui prieront Dieu pour leur servante Christine, desirans que de leur temps fust sa vie ou siècle, ou que veoir la peussent.

Ausquelles touttes plaise que tant que au monde sera vivant, la veullent avoir en grace et mémoire par ameables salus, prians à Dieu que par sa pitié soit favourable de mieulx en mieulx à son entendement, sy que telle lumière de science et vraye sapience lui ottroit que employer le puist, tant que chà jus ara durée ou noble labour d'estude, à l'exaulcement et élévation des vertus, en bonnes exemples à toute humaine creature; et après ce que l'ame du corps sera partie, en méritte et guerredon de son service, leur plaise à Dieu offrir pour elle patrenostres, oblations et dévotions pour l'aligement des paines par ses deffaultes desservies, si que elle soit présentée devant Dieu ou siècle sans fin, lequel il vous ottroit. Amen.

*Explicit le livre des trois Vertus à l'ensaignement des dames.*

# TABLE DES MATIÈRES.

FIN DE LA TABLE.

---

ERRATA.

P LXXIII, fumant l'un l'autre, *lisez* suivant l'un l'autre.

P LXXX, thereof, *lisez* therof; mirror, *lisez* mireur.

---

PARIS. — MAULDE ET RENOU, IMPRIMEURS,
RUE BAILLEUL, 9-11.

www.ingramcontent.com/pod-product-compliance
Lightning Source LLC
Chambersburg PA
CBHW070635100426
42744CB00006B/687